地獄遊覧

地獄と天国の
想像図・地図・宗教画

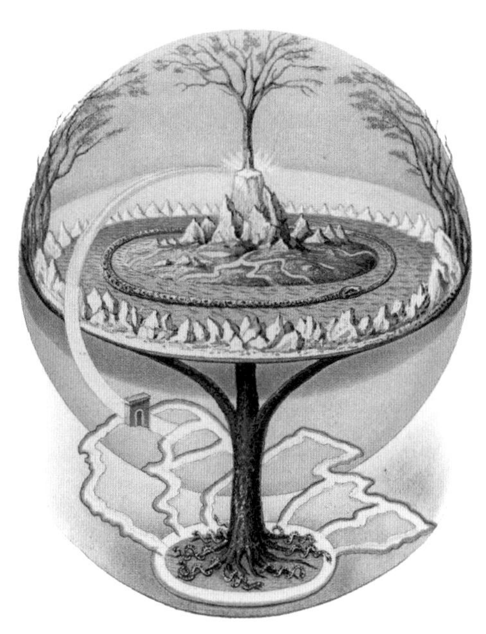

右ページ：アレクサンドル・ペリエ著
『罪びとの目ざめ』（1724年）の題扉
（拡大）。版画作者はG・F・L・デブリー。

地獄遊覧

地獄と天国の
想像図・地図・宗教画

エドワード・ブルック＝ヒッチング

藤井留美 訳

MMXXIII

Coment nre seigr crea adam et porta en paradis terrestre et fait eve de son couste et leur deffent le fruit

フランクリンとエマに

「わが子よ、父の諭しに聞き従え。
母の教えをおろそかにするな。
それらは頭に戴く優雅な冠となる」

旧約聖書「箴言（しんげん）」1章8〜9節

左ページ：『ベッドフォードの時祷書』より「エデンの園」。この時祷書は、1410〜1430年頃にベッドフォード公爵夫妻がつくらせて英国王ヘンリー6世に進呈したもので、現存する最も壮麗な中世彩色装飾写本のひとつ。

目次

左ページ：死の紋章。16世紀初頭のドイツの紋章写本より。

はじめに

「死を賭さねば星はつかめない」

――――フィンセント・ファン・ゴッホ

西暦2019年1月31日、ちょっと変わったことが起きた。その日は、タスマニア島で広がる森林火災や、GPS不使用の単独世界一周ヨットレースで、73歳のフランス人ジャン=リュック・ヴァン・デン・ヘーデが優勝したこと、マサチューセッツ工科大学（MIT）の研究グループが、積み木遊び「ジェンガ」を独習するロボットを開発したこと（ついに！という声が聞こえてくる）がニュースになっていた。だからあなたが知らなくても無理はないのだが、そのできごとは正式な気象観測値として記録されている――地獄が凍りついたのだ。米国ミシガン州リヴィングストン郡に、地方自治体に属さないヘルという集落がある（人口約80人で、「地獄に落ちろ！（ゴー・トゥー・ヘル）」が町のスローガンだ）。このヘルで、およそ100年ぶりに気温がマイナス26℃まで下がった。極渦の変化で寒気が流れこんだせいだが、住民にとってはさほど不都合はなく、面白半分に取りあげた全国紙の記事のほうがよほどいまいましかった*1。

あの世の地図と出会う

私たちはこの世に生きていながら、あの世のことを考えずにはいられない。本書の構想が生まれたのは2011年、ロンドンにある小さな稀覯書専門店の地階で、折りたたんだ紙に偶然目がとまったのがきっかけだった。紙は折り目が破れかけてしみだらけだったが、広げて仰天した。それは天国と煉獄と地獄を1枚におさめた「天の王国地図（道案内付き）」で、1650年頃のパリの街角に貼られていたものだった（195ページ参照）。見たこともなくつかみどころ

*1　ヘルという名前の由来は二説ある。1830年代、快晴の午後に駅馬車で到着したドイツ人旅行者が、強い日ざしに目を細めて「ソー・ション・ヘル！（なんてまぶしいんだ！）」と連れに言ったのを町の人間が聞いて、名前になったというのがひとつ。だが私はもうひとつの説を支持したい。入植当時、そこは蚊の大群がわき、深い森は人を寄せつけず、危険な湿地が広がる原野だった。最初の住民であるジョージ・リーブズは、この場所をどう呼ぶか意見を求められ、「知ったことか。地獄（ヘル）にでもしておけ」と言いすてたという。かくして1841年10月13日、めでたくヘルが正式名称となった。

上：ゾロアスター教の地獄での責め苦の様子。預言者ザラシュストラの『アルダー・ウィーラーフの書』(1589年頃刊)の挿絵。

のない題材でありながら、作者は画面を巧みに分割し、重厚な線で迷いなく地形と構造を描いている。この地図をじっと眺めるうちに、特別な希少性がわかってきた。街頭に貼られてそれきりの掲示物が、こうして残っていること自体とてもめずらしいことだが、それ以上に貴重なのは主題だ。リヴィングストン郡のヘルをはじめ、ヘヴンやパラダイスといったあの世がらみの地名は、世界地図に散見される*2。だが、そのもとになった空想の世界を地図にする試みは、かつてどれほどあっただろう？

こうして国と時代を問わず、死後の世界を図解し、描写し、説明した作品探しに火がついた。約10年を経て、世界各地の図書館の書庫や個人の所蔵品、業者の在庫から集めた品々がけっこ

*2　ノルウェーにもヘル村がある。観光客が記念写真を撮るのは駅名表示板で、Hell（ヘル）の下に「Gods-Expedition」と書かれている。「Gods-Expedition」は古ノルウェー語で「貨物取扱い」という意味で、英語では「神々の遠征」と読める。ちなみに同地出身で、1990年のミス・ユニバース世界大会で優勝したモナ・グルートは、自らを「地獄から来た美の女王」と売りこんで興趣を添えた。

うなコレクションになった。フランス、ブルターニュ地方の骨董品店では、あっと驚く珍品が出てきた。1枚の羊皮紙を斜めに分割して、ゾロアスター教の天国と地獄を描いた16世紀の作品だ（28ページ参照）。ポーランドでは業者のつてをたどった結果、18世紀後半とされる憎々しげな反キリストの絵を発見することができた（103ページ参照）。マドリードでは、魅惑的な謎の文字で書かれた悪魔の手紙を入手した。

ヨーロッパ大陸のほかの都市でも、教会の壁に描かれた天国と地獄のフレスコ画や、ルネサンスの傑作の数々をこの目で見ることができた。英国では、サリー州チャルドンの教会にある幅17フィート（約5.2m、86〜87ページ参照）の大作をはじめ、中世の「地獄の壁画」がひっそりと残る教会を訪ねてまわった。

答えのない死後世界を探検する

この本はあの世の世界地図であり、シェイクスピアのハムレットが第3幕第1場で語る「そこに行った旅人は二度と戻ってこない未知の国」の案内書だ。世界のさまざまな宗教と文化がつくりだした死の世界には、町があり、山が連なり、宮殿があり、黄泉（よみ）の国がある。拷問部屋があり、宴会場もあれば、悪魔の議会もある。黄金の畑が広がり、川には血が流れ、池の水は激しく燃えあがる。そこはいったいどんなところで、誰がいるのだろう？

古今の学者、芸術家、地図製作者たちは、答えが見つかるはずのないそんな疑問に、限られた知識で取りくんだ。本書は、地図にならない場所を地図にして、名状しがたい光景を絵に描き、たどりつけない場所を探検するために、彼らが凝らした創意工夫の集大成だ。この本は世界宗教の歴史を語るものではない。「なぜ、どうして」はさておき、「どこ」だけを掘りさげている。死という忌まわしくも人類普遍の関心事に先人たちが着目し、想像をふくらませた成果に触れてほしい。

あの世の具体的な描写は、ユダヤ教およびキリスト教の旧約・新約聖書、イスラム教ではコーランや『ハディース』の記述が最も古く、また広く認められているが、ほかにも秘密めいた黙示や天啓、さらには勝手気ままな素人考えにも登場する。時代を経るにつれて、それらに触発された地図や絵画もつくられていった。そこには天界の眺めや匂いや音、そこに生息する動植物、神々や悪魔といった住人が仔細に描かれている。それらを一覧できる本書は、死後世界の探検便覧でもある。

興味ぶかいのは、とらえどころのない世界に現世の各種単位

上左は「獣に力を授ける竜」。上右は「第五のラッパ、いなごが馬に姿を変える」。いずれもリエバナのベアトゥス著『黙示録注釈』(8世紀)より。

を適用していることだ。とくに多いのは時間で、中世にキリスト教世界で使われた暦では、2月13日を地獄がつくられた日としている。ヒンドゥー教では、宇宙の存在は創造神ブラフマーの白日夢のできごとであり、時間にして1日にすぎないが、人間の時間では約43億年続いていることになる。夜が訪れると宇宙は消えていき、翌日ブラフマーがまた夢を見るのだ。イスラム教の神学者アシュアリーが興した神学もこれに近い。アシュアリー神学では、アッラーはたえず宇宙の破壊と再生を繰りかえしていると考える(おもしろいことに現代物理学の場の量子論でも、私たちは1秒間に何回も消滅と生成をくりかえしているという)。

天国と地獄に誰が住んでいるかということも、つねに知的探究の対象だった。17世紀後半の神学者トーマス・バーネットは、天国にも政治体制は存在し、いくつもの国に分かれているはずだと推測し、英国人、フランス人、ドイツ人、イタリア人は「天上でも」離しておかねばならないと述べた。新約聖書の最後に置かれた「ヨハネの黙示録」から悪魔の数をはじきだし、地獄の階級を探った分析も多い。中世の数学者マイケル・スコット(1175〜1232年頃)が出した数字は1419万8580匹だ。スペインのアルフォンソ・デ・スピーナ司教(在位1491年)はさらに多い3330万6668匹とし、独自の分類も発表している。スコットランド王ジェームズ6世も1591

次見開き:フランドルの画家ヨース・ファン・クラースベークによる「聖アントニウスの誘惑」(1650年頃)。ファン・クラースベークが想像する地獄の風景の中で、聖アントニウスが悪魔に誘惑されている(画面中央の巨大な顔は画家自身)。

年に悪魔の数を数えている。ほかにも多くの試みがあったが、とくに有名なのはジャック・コラン・ド・プランシーが出版した『地獄の辞典』(1818年)だろう。この著作の1863年版には、さまざまな悪魔の姿を描いた69点の挿絵が収録されている。たとえば「火の王」アドラメレクは地獄の大法官であり、10人いる大悪魔のうち8番目に位置するといったぐあいに、地獄での政治的な立場も知ることができるのだ。

天国と地獄を測る

フランシスコ会修道士だったベルトルト・フォン・レーゲンスブルク(1210年頃〜72年)は、天国に入れるのは10万人にひとりだと主張していた。「ヨハネの黙示録」21章によると、天国は一辺1万2000スタディオンの立方体だという。1スタディオンは1マイルの8分の1なので、一辺1500マイル(約2414km)だ。もし地上にあったなら、米国の約半分という控えめな面積なので、妥当な数字だろう。ヒンドゥー教になると、ヴィシュヌ神の天国ヴァイクンタは周囲8万マイル(約12万8750km)になる。サンスクリット語の叙事詩『マハーバーラタ』に登場するブラフマーの天国は、縦800マイル(約1288km)、幅400マイル(約644km)、高さ40マイル(約64km)だ。

では神自身の大きさはいかほどだろう? 13世紀に天使ラズィエルが書いたとされる実践カバラの魔術書『セーフェル・ラズィエル・ハマラク』によると、ユダヤ教の神は高さ23億パラサングである。換算すると72億マイル(約116億km)で、地球から冥王星までの距離の2倍以上だ。霊峰メール山に刻まれたといわれるヒンドゥー教の讃歌集『サウンダリヤ・ラハリー』には、全宇宙の大きさは全知全能の女神マハーデーヴィーの足についた一片の塵ほどと記されている。反対にヒンドゥー教の重要な聖典『バーガヴァタ・プラーナ』は、気の遠くなるような宇宙の大きさを詩的な言葉で教えてくれる。「このほかにも無数の宇宙がある。どれも無限の大きさだが、おまえの中で原子のように動きまわる。だからおまえも無限と呼べるのだ」

イタリアの詩人ダンテが書いた『神曲』の「地獄篇」(108ページ参照)は、西欧の地獄観を決定づけた作品だ。ルネサンス期には、この「地獄篇」を地図化する試みがさかんに行われた。地獄は地下深くにあって測量不可能だから、詩人が描写した円錐形の地獄に誰も異論を差しはさむことはできない。とはいえ「地獄地図の製作」は、地上の楽園(224ページ参照)探しのような地図製作者の贅沢な遊びではなかった。この時代、プトレマイオスの座標体

上上:1863年版『地獄の辞典』の挿絵に描かれた地獄の大法官アドラメレク。

上下:同書より地獄の最高位の王バエル。

系が再評価され、それをもとに数学的な手法で陸地の正確な形を描くことが可能になったからだ。地図はそれまでの寓意的なものではなく、突如として地理的正確さが求められるようになった。ではエデンの園のように昔から信じられてきた場所は、いったいどこに書きこめばいいのか?

天国と地獄はどこにあるのか

天国と地獄を現実世界にどう入れこむかという難問は、啓蒙時代に入っても続いた。独創的な思索で知られるトビアス・スウィンデン(120ページ参照)などは、著書『地獄の性質と場所の探究』(1714年)で、地獄を地球外に置くという単純にして奇想天外な解決策を示している。整合性の点では怪しいが、この問題は今日もなお続いている。なかでもおもしろいのは米国のテレビ宣教師ドクター・ジャック・ヴァン・インプ(1931〜2020年)で、彼は2001年に自らの番組で、ブラックホールは地獄の所在地としてあらゆる条件を満たしていると述べた(ヴァン・インプは2007年にも、自動車の基本設計は聖書に書かれていると主張して話題になった)。

では今日、天国と地獄はどこにあることになっているのだろう?

2017年にBBCが実施した英国宗教調査によると、46パーセントの人が死後になんらかの生活があると信じており、そのうち65パーセントはそれが天国もしくは地獄だと思っていた。一方、米国では悪魔の存在を信じる人が増えている。ここ数十年のギャラップ調査をたどると、サタンを信じる人の割合は1990年には55パーセントだったが、2001年には68パーセント、2007年には70パーセントになっていた。2011年のAPとGfKの世論調査では、米国人の成人の77パーセントが天使を信じていた。1997年のUSニューズ&ワールドリポート調査は、1000人の米国人に天国に「行けそうな」人をたずねて順位を発表した。ビル・クリントンは52パーセント、ダイアナ妃は60パーセント、マザー・テレサは79パーセントで第2位だった。第1位を獲得したのは回答者本人で、87パーセントが天国に行けると思っていた。

天国と地獄の存在に共鳴する割合はいろいろだが、謎だらけの死後の世界への興味は普遍的であり、本能に根ざしている。この本に集めた文章、地図、絵画の魅力が尽きないのは、不可能なことをやりとげようとしているからだろう。5世紀、「言葉では表わせない」という意味のラテン語imeffabilisを神学に導入した聖アウグスティヌス(354〜430年)は、神や天国がどんなものかを説明するより、そうでないものを語るほうがやさしいと述べている。私た

上:チリ、チロエ島に伝わる十字架のイエスの木。ペドロ・ゴンサレス・デ・アグエロス神父『チロエ諸島録』(1791年)より。

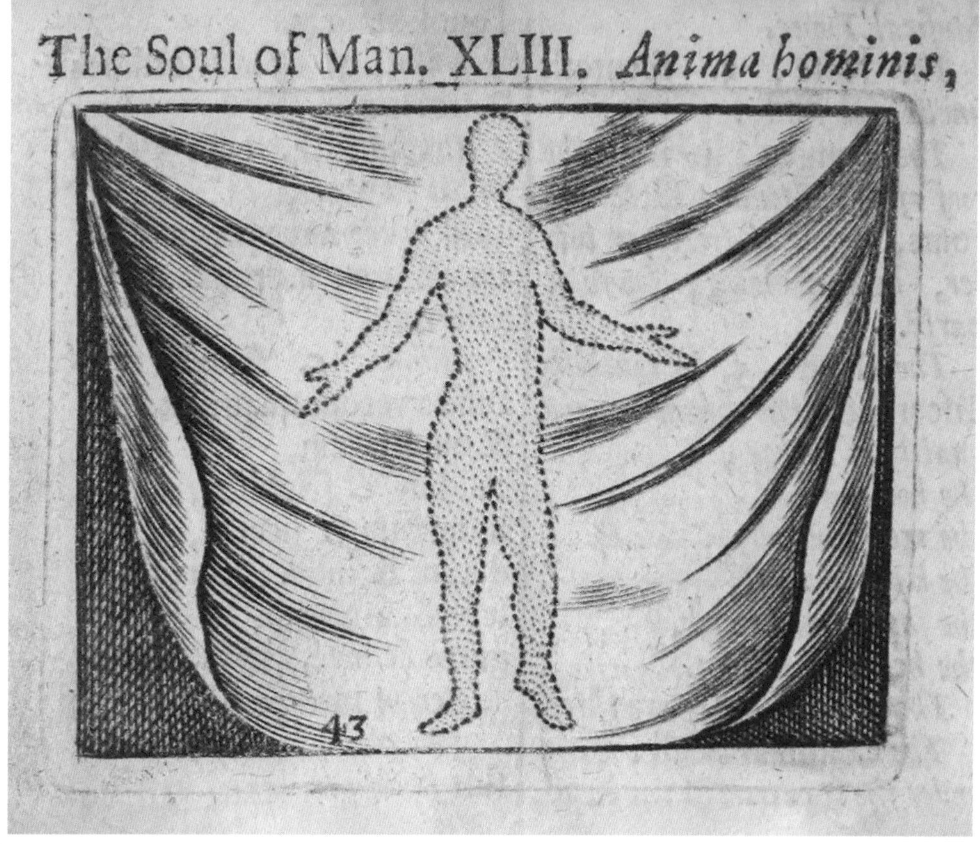

The Soul of Man. XLIII. Anima hominis,
43

ちを待ちうける世界は、人間の言葉の表現力を超えているのだ。聖アウグスティヌスがその根拠としたのは、「コリントの信徒への手紙一」2章9節にあるパウロの言葉「目が見もせず、耳が聞きもせず、人の心に思い浮びもしなかったことを、神は御自分を愛する者たちに準備された」だった。それでも人間は、どうにかして謎に迫ろうと何千年も前から奮闘を続けてきたのだ。その努力の結晶をとくとご覧あれ。

上:「人間の魂」。幼児向け教育絵本の先駆けとなった『五感で知る世界のあれこれ』(英語版、1705年)より。

右ページ:アルブレヒト・デューラーの木版画「黙示録の4人の騎手」(1498年)。

第1章 地獄と冥界

HELLS AND UNDERWORLDS

地獄へようこそ。『神曲』の作者ダンテは、地獄に通じる門にこう刻んだ。「ここに入る者はいっさいの希望を捨てよ」。彫刻家オーギュスト・ロダンは、これに触発されて有名な彫刻「地獄の門」を完成させた。この門の先に何があるのか、見る者は自由に想像をめぐらせる。さらに歴史をたどると、地獄や黄泉の国に「ほんとうに」通じるとされ、人びとが真剣に恐れた入口は、さまざまな宗教で存在していた。

どの宗教でも臨終が地獄に行く条件であり（ただし後述するように絶対ではない）、現実世界の地理的特徴がこの世とあの世を結びつける。ギリシャ神話の冥界である闇の王国ハデスへ行くには、吟遊詩人オルペウスと英雄ヘラクレスの足跡をたどって、ギリシャ本土最南端のマタパン岬の洞窟をめざすとよい。もうひとつ、ギリシャ北西部のメソポタモスにあるエフィラのネクロマンテイオン神殿（死霊神託を行う神殿）もそうだ。火山も業火燃えさかる地獄の入口を連想させる。アイスランドの成層火山ヘクラ山は、キリスト教ではサタンのるつぼに通じると怖れられていた。中国で地獄の光景に触れるなら重慶市豊都県の豊都鬼城だ。黄泉路や望郷台といった名所が点在し、日々拷問に励む鬼たちの彫像がそこかしこに置かれている。

こうした入口からはちらりと見えるだけの死後の国は、そもそも何のためにあるのだろう？「あの世」という普遍的な概念を掘りさげるには、アフリカから始めなくてはならない。そこには人類史上最も華やかに死への崇拝を実践し、死後の世界を微に入り細をうがってつくりあげた古代文明が存在した。

背景：悪魔の山車（だし）。1695年、ザクセン選帝侯でポーランド王のアウグスト2世のためにドレスデンで行われた仮装行列のひとつ。

左：オーギュスト・ロダン作「地獄の門」。ダンテ『神曲』の「地獄篇」の一場面を描いた彫刻。ロダンは1917年に死ぬまで37年かけて制作を続けた。メキシコシティのソウマヤ美術館所蔵。

古代エジプトのドゥアト
死者が旅する道

古代エジプト人と聞くと死を連想する。その文明の遺物から推測するに、彼らほど死者の扱いに並々ならぬ熱意を注ぎ、徹底的に儀式化した例はほかにないだろう。葦(あし)と木材と泥れんがでつくられた人々の住居は失われて久しいが、歴代の王を埋葬した石づくりのピラミッドは何千年にもわたる風化に耐え、古代エジプトの印象を形づくっている。死後の幸福のために遺体を加工して保存したミイラは、現代の大衆文化にも根をおろしている。古代エジプトを代表するような遺跡や遺物は、すべて埋葬に関係したものだ。王の墓所であるピラミッドや多種多様な副葬品は、死者がドゥアト(冥界)に行くため、あるいは死後もつつがなく暮らすためのものである。

上:紀元前1250年頃にテーベの書記官アニが書いた『死者の書』の細部。頭が人間で鳥の姿をしたバーは、人間の魂を具現化した表現のひとつ。

死者を裁く冥界

遺跡から多く出土する人形シャブティは、まさにそのための副葬品だ(22ページの写真参照)。ミイラの形をした小像で、『死者の書』(正式な書名を直訳すると「日のもとに現れるための書」)第6章が刻まれていることが多い。『死者の書』とは、ドゥアトでの旅を助けるために、多くの神官たちが1000年の歳月をかけて編んだ葬祭呪文集だ。シャブティはほかの副葬品とともに墓所のそこかしこに置かれ、次の人生に入った死者の世話を焼く(喜んで労役を担うという宣言が脚に彫られている)。シャブティほどではないが、甲虫をかたどった魔除けのスカラベと護符も数が多い。新王国時代(紀元前1567~1085年)の初期には、墓所に安置したミイラのお守りとして大量に使用された。

臨終を迎えた古代エジプト人は、生前の善行の見返りとして、オシリス神の歓喜に満ちた王国であり「葦の野」とも呼ばれる楽園アアル(150~153ページ参照)に入ることを願ってやまない。この楽園の希望を込められた風景は、ナイル川中流のルクソール近く、王家の谷にある王領監督官メンナの墓所の壁などに絵画や彫刻として残されている(豊かに実る小麦については、高貴な血筋の者の場合、シャブティが代わりに栽培してくれるのでご心配なく)。ただし、楽園に到達する前に、死者はドゥアトという地獄のような地下世界を旅して「マアト(真理)の大広間」に入る必要がある。冥界の主オシリスがにら

下:死後の世界への旅を描いた古代エジプトのパピルス。正式名称は『アモン神殿アモネムウィジャの管理人のための死後の世界の案内書、地獄の危険に関する図解付き』。

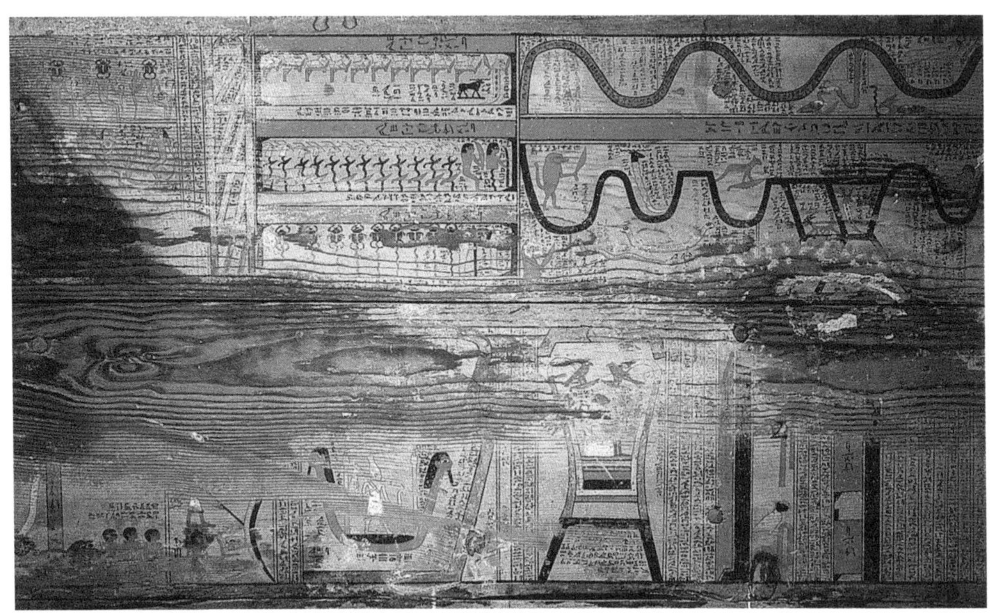

上：州候ジェフティホテプの医師グアの棺のひとつ。紀元前1795年につくられた。底部には、死後の世界に通じる陸と海の「2つの道」が描かれている。うねる線は死者のための地図だ。死者のカー（霊）を外に逃がすための扉もある。

みをきかせる前で、犬の頭をもつ神アヌビスが死者の心臓を天秤にかけるのだ。

この審判を無事に終えるためには、『死者の書』の指示に残らず従うことが不可欠だ。道中で遭遇する42柱の神と怪物、通過する広間をすべて覚えておき、42の罪をひとつも犯していないと断言しなければならない。「神を悪く言ったことはありません。孤児に手をあげたことはありません。神が厭（いと）うことはやっていません（略）人を殺していません。人を陥れて殺害させたことはありません（略）子どもの口から乳を奪ったことはありません。草を食（は）んでいた子牛を追いたてたことはありません（略）」

告白が終了すると、アヌビス神が審判を開始する。死者の心臓と、真理の女神マアトの羽根を天秤にかけるのだ。マアト神の羽根は正義と調和と均衡を象徴する。正しい死者の心臓は空気と同

じ重さとされ、羽根より重い心臓は不合格となって、魂を食べる怪物アメミットに食われる。すなわち存在が完全に消えるのだ。合格した魂は旅を続けることが許され、アアルをめざす。

さかさまの冥界

『死者の書』やそれに類する文書の指示に従ってもなお、来世への旅は険しい。途中には難所がいくつもあり、心を試す罠（わな）もある。いくつもの部屋と廊下、暗がりで拷問と折檻（せっかん）を受け、激しい苦痛を味わい、血も流れる。だが最も興味ぶかいのは、全体が反重力になっていることだ。

「葦の野」アアルが現世を極端に理想化した楽園であるように、冥界も自然界の鏡像になっている。現世は円盤状になっていて、冥界はその下にある。罪人は上下さかさまになって円盤の裏側を歩かないと落下してしまう。そこでは消化も逆方向で、排便は口からすると信じられていた。古代エジプト最古の呪文集、『ピラミッド・テキスト』の210番では、冥界に渡った王が焼いた子牛の食事を所望したあと、上下逆に歩くと悲惨なことになると心配している。「糞便は大嫌いだし、尿は受けつけない（略）そんな忌まわしいものを余はぜったいに食べない」

火が燃えさかる池（地獄にはおなじみだ）は巨大なバーベキューグリルになっており、腹を空かせた悪霊どもが寝そべって待ちかまえている。油断していると、冥界のヒヒ（古代エジプトでは神秘的な動物とされていた）に捕まって首をちぎられる。貪欲なブタ、ワニ、ヘビ、野犬も真っ暗な平原をうろついている。エジプト学者E・A・ウォリス・バッジはこう書いている。「来世の記述はあらゆる書物に出てくる。火の穴、暗黒の深淵、鋭いナイフ、煮え湯の川、すさまじい悪臭、火を吐く竜、醜悪な怪物、頭が動物の生き物、いろいろな姿をした残忍な生き物（略）。中世初期の文献にも同様の描写があり、現代の地獄観の大部分がエジプトに由来すると見ていいだろう」

右：ラムセス4世の副葬品シャブティ。第20王朝（紀元前1189〜1077年）の1143〜1136年に製作された。

上：第19王朝（紀元前13世紀が最盛期）の書記官フネフェルの『死者の書』。左から右に、フネフェルはアヌビス神に手を取られて案内され、壺に入ったフネフェルの心臓と羽根を天秤にかけて審判が行われる。合格したフネフェルはホルス神に導かれて、その父オシリス神に謁見する。もし不合格だと、中央にいるワニとライオンとカバを合わせた残忍なアメミットにむさぼり食われる。

左：古代エジプトの都メンフィスのネクロポリス、サッカラにあるテティ王（在位紀元前2345年頃～2333年）のピラミッドに刻まれたピラミッド・テキスト。

古代メソポタミア――冥府クル

喜びも絶望もない世界

左：生命の樹（この写真にはない）の前で桶（おけ）から聖水をまく四翼の精霊。アッシリアの首都ドゥル・シャルキン（現在のイラク、コルサバード）にあったサルゴン2世の宮殿で、北側の壁を飾っていたレリーフ（紀元前716〜713年）。

古代メソポタミア人は死ぬために生まれた。古バビロニア王国（紀元前19〜16世紀）で成立した『アトラ・ハシース叙事詩』によると、反乱を起こした神イラウェラが儀式で殺され、その血と粘土を混ぜて人間がつくられたという。したがって人間は神聖なものと、現世のものの両方の材料でできているが、神聖な要素があっても不死とはならない。知恵と魔術の神エンキは、人間は最初の瞬間から死が待っていると宣言した。メソポタミアの文章には、「運命に向かって進む」が死を意味する婉曲表現として頻繁に出てくる。『ギルガメシュ叙事詩』に至っては、不死の探求など無意味であり、現世での輝かしい業績を頼みとして生きるべきだと読者を諭している*1。

ほこりだらけの巨大な家

古代エジプトの葬祭文書は数多く残っているが、古代メソポタ

*1　映画監督ウディ・アレンはこんなことを言っている。「仕事で不朽の名を残すつもりはないよ。死なないことで不朽になりたいね。人びとの心に生きつづけるのもごめんだ。ぼくは自分のアパートメントで生きつづけるよ」

左ページ：紀元前1800〜1750年にメソポタミアでつくられた「夜の女王」の飾り板。翼をもち、鉤爪の足元にライオンをはべらせた女神は、冥界に降りて殺され、柱に吊るされたイシュタル（イナンナ）もしくはエレシュキガルとされる。顔料の痕跡から、女神と左右のフクロウが鮮やかな赤色だったことがわかる。

ミアでは死後の手引きのようなものは見つかっていない。近東地域の諸文明では、死後の世界はどんな風に想像されていたのだろうか。それを知るには、紀元前3000年代～1000年代に編まれ、死や地獄を論じたさまざまな分野の文献から手がかりを集める必要がある。

古代メソポタミアでは、天に暮らすのは神々だけで、死者は真っ暗で色彩のない冥府に入る。冥府の呼び名はいろいろだ。シュメール人はクル、イルカラ、クック、アラリ、キガル、アッカド人はエルツェトゥと呼んだ。観念的にははるか遠くだが、場所としては地下浅いところに広がる洞窟にあると考えられていた。「行ったら最後、戻れない土地」、「入るばかりで出てきた者はいない家」、という表現もあり、扉やかんぬき、建物全体にほこりが厚く積もった巨大な家と想像されていた。死者が食べたり飲んだりできるのはこのほこりだけだ（そして地上では、遺族が死者のために墓土に液体を注ぐのがならわしだ）。

クルの入口ははるか東、（イラン高原の南西部の）ザグロス山脈のどこかにあり、そこにクルに通じる階段があると考えられていた。反対にはるか西方、とてもたどりつけない場所に門があるという言い伝えもある（シュメールから遠く離れた実在の川が、「冥界の川」と呼ばれることもあった）。地下には淡水湖アプスーが広がり、そのすぐ下にクルがあるとされた。

もうひとつ古代エジプトと対照的なのが、死者に社会階級の痕跡がまったくない点だ。クルは難攻不落の要塞都市（シュメール語でイリガル）であり、7つの門にはかんぬきがかけられ、現世に戻ることはできないとする記述もある。クルに入った死者は、生前の姿をおぼろげに映しだす影となる。正義を司る太陽神シャマシュが宇宙を旅して毎夜現れ、闇に穴をうがつが、喜びも絶望もなく、地上の生活が無味乾燥になっただけだ——いわゆる地獄というより、活気あふれる天の対極の場所だ。したがって死後の裁きの制度もなければ、生前の行為に基づく賞罰もない。埋葬時の状態がそのまま続くだけである。

イナンナの冥界下り

冥界がいきいきと描写されているのが、性愛と戦闘の女神であり、正義を遂行する「天の女王」イナンナがクルを旅す

下：メソポタミアの男性の小像。紀元前2750～2600年頃にエシュヌンナ（現在のイラクのテル・アスマル）でつくられ、信者に代わってたえず祈りを捧げるために方形神殿に奉納された。

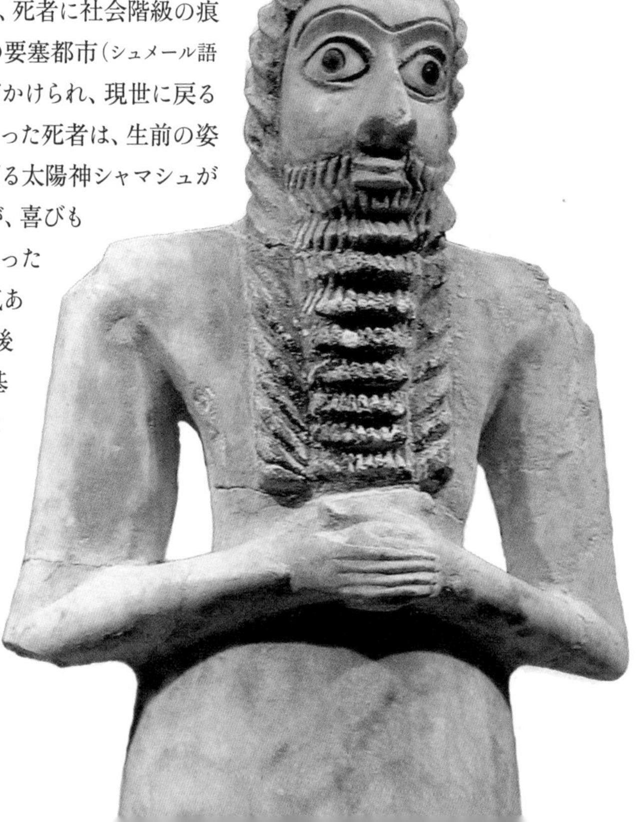

る物語『イナンナの冥界下り』だ(イナンナはアッカドでは「イシュタル」と呼ばれて信仰された)。イナンナの姉妹のエレシュキガルは冥界を支配する女神で、ガンジル宮に暮らす。夫は「アンの運河監督官」グガランナだが、のちの時代には死をもたらす神ネルガルが夫という刺激的な設定も登場する。

シュメール版の物語では、イナンナは天を捨てて冥界に心を向け、冥界の入口で入場を求める。怒ったエレシュキガルは許可を出すが、7つある門を少ししか開けない。無理やり門を通るたびに装飾品や衣装がはがされて、イナンナは力を失っていく。エレシュキガルの玉座に着いたとき最後の衣装が脱がされ、激怒した7人のアヌンナ諸神(裁判官)によって殺され、鉤(かぎ)に吊るされた。

最終的にエレシュキガルは、イナンナの死骸に「生命の食物」と「生命の水」をかけて復活させることを許すが、ほかの者を身代わりとして差しだすよう求めた。よみがえったイナンナは、エレシュキガルのガルラ(悪霊)に見張られながら地上に戻って身代わりを探す。だが、宰相のニンシュブル神は忠誠心が強く、理髪師シャラ神はイナンナの死を悼んでいたので、イナンナは彼らを差しだすことを拒否した。次にイナンナの夫で羊飼いのドゥムジ神のところに行くと、彼はイナンナの死を悲しむどころか、着かざって妻の玉座に座り、奴隷の少女たちをかしずかせていた。激怒したイナンナの指示で、ドゥムジが身代わりとしてガルラたちに冥界に連れていかれ、イナンナは地上に戻ることが許された。

右上:アッシュルバニパル(在位紀元前668〜627年または631年)の図書館にあった楔形(くさびがた)文字の銘板。イナンナの冥界の旅の伝説が記されている。

右下:悪魔の周囲にアラム語が記されたバビロニアのまじない盤(6〜7世紀)。「悪魔の器」や「悪魔のわな」といわれる。こうした魔よけは、冥界から現れる悪魔を捕らえるために、家々の戸口や床に置かれた。

ゾロアスター教の死後の世界
——虚偽の家と歌の家

いざなうのは乙女か老婆か

左：ウィルカク墓（史君墓）。北周時代の580年頃に現在の中国、西安市未央区につくられ、2003年に発見された。石棺にはゾロアスター教の神々や供犠の場面が浅いレリーフで描かれている。東壁には史君とその妻がチンワト橋を渡って天国に入る様子が彫られている。

世界で最も古くから続いてきた宗教のひとつがゾロアスター教（マズダヤスナ）だ。紀元前1500〜600年頃のペルシャ（現在のイラン）の預言者ザラスシュトラ（ギリシャ語ではゾロアストレス、英語ではゾロアスター）の教えにもとづく古代の信仰体系であり、核となる教義はその後の世界宗教の基盤となっている。ザラスシュトラは古代イラン・アーリア人が信じる多神教を否定し、信じるべきは世界の創造主であり知恵の神であるアフラ・マズダのみだと説いた。これによってイラン・アーリア人とインド・アーリア人の宗教観の違いがいっそう顕著になり、人類史上初の一神教が誕生したのである。

死者を選別するチンワト橋

ペルシャでアケメネス朝（紀元前550〜330年）が建ち、パルティア帝国（紀元前248年頃〜紀元後224年）を経て、ゾロアスター教を国教としたササン朝（224〜651年）が終焉を迎えるまでの1000年以上にわたって、ゾロアスター教は中近東の文化に多大な影響を与えた。ユダヤ教の死と審判、魂と罪悪の末路といった終末論も、ゾロアスター教からの流れで徐々に形成されたものであり、そこから枝わかれした思想がキリスト教、さらにはイスラム教へとつながっていった。

一神教といえども、超自然的な生き物や、魂を冥界に導く神々や悪魔は排除されていない。実際、それらは死んだ信者が「チンワト橋」という橋を渡って地獄に行くときによく登場する。ゾロアスター教の聖典は『アヴェスター』といい、その中心となる典礼文「ヤスナ」には、ザラスシュトラ作の17の韻文詩ガーサーが含まれている。

『アヴェスター』には、死後世界の最も古い描写や記述もある。たとえば「ヤスナ」46章11節では、邪悪な者の魂とダエーナー（複数の解釈があるが、本質的には本人の人格を意味する）は、チンワト橋で「虚偽の家」（地獄のこと）の客人になる。伝統的な終末論に従うなら「分離の橋」、近年の解釈では「収集の橋」となるチンワト橋は、現世と来世のつなぎ目であり、肉体を離れた魂はかならず渡らなくてはならない。その後のイスラム教にもアッスィラートという同様

左ページ：羊皮紙にあざやかに描かれたゾロアスター教の地獄と天国（16世紀）。画面を対角線で区切る形式はめずらしい。左側では死者の魂が悪魔に拷問され、むさぼり食われている。右側では魂が歓迎されて太陽のもとに導かれる。

の橋がある(60ページ参照)。橋の現世側は神秘の山ハルブルズの山頂にあり、南にある来世側は「歌の家」と呼ばれる天国に通じる。パフラヴィー語(中期ペルシャ語)で書かれた『メーノーグ・イー・フラド』によると、地獄の上に「高く」「恐ろしげに」架かる巨大な橋だという。『アヴェスター』に収録されている「ウィデーウダート」は、2匹の猛々しい犬が橋を守っていると伝える。また同じくパフラヴィー語の『ブンダヒシュン』には、チンワト橋は鋭利な剣に似ているという記述があり、別の文献では「面がいくつもある剃刀(かみそり)の刃」と書かれている。

最後の表現は、チンワト橋の驚くべき「選別」機能を指している。死者の魂は臨終から3泊後、善の神々と不気味な悪魔たちに伴われて橋のたもとににぎやかに到着する。一行を待ちうけるのが司法神ミスラだ。ユダヤ教の契約の天使のゾロアスター教版であり、光と誓約の神、真実の保護者、家畜の守護人である。生前の善行と悪行が量られ、善行のほうが多いと審判されれば、デーン(本人のダエーナー)が潔白で美しい乙女に姿を変えて案内してくれる。9世紀の高僧マヌーシュヒフルが書いた『宗教裁判(ダーデスターン・イー・デーニーグ)』によると、このとき橋の幅は37ナイ(約186m)まで広がるという。「悲しみは消えさり、祝福に包まれて」、晴れわたったかぐわしい春の陽気のなか、オコジョの毛皮が敷きつめられたチンワト橋を渡るのだ。

生前の善行と悪行が等しい場合、魂は辺獄(136ページ参照)に似た、ハミスタガンという中間界(132ページ参照)に送られる。『宗教裁判』では、ここで死者は人生を生きなおし、歌の家に入れるよう行いを改める。

悪行のほうが多ければ、デーンがしわだらけで醜悪な老婆となり、チンワト橋にも腐りかけた死体が転がる。橋の幅は研ぎすまされた剃刀の刃ほどに狭まり、邪悪な死者は悪魔たちに引きずられ、「虚偽の家」という地獄に真っさかさまに落下するのだ。

ただし地獄行きは永遠の刑ではなく、本書で取りあげた地獄の中では寛大で一時的な措置だ。虚偽の家は矯正施設の色彩が濃く、懲罰も生前の悪行に相応している。とはいえ愉快な場所ではなく、有毒な煙が充満し、暗闇がたれこめている(ゾロアスター教の宇宙観をまとめた『ブンダヒシュン』27章53節には、地獄の暗闇は手に持てるほど厚く、悪臭はナイフで切れるほど濃いと書かれている)。手に入る食べ物はすべて毒だ。ここにいる魂は身を寄せあって嘆きあうが、心は孤独と絶望で冷えきっている。

地獄を描いた幻想文学

絵画表現で地獄見物ができるのが、ササン朝(224〜651年)に成立した幻想的な旅の記録『アルダー・ウィーラーフの書』だ。主人公アルダー・ウィーラーフは最高神アフラ・マズダに天国を見せられたあと、地獄へといざなわれ、罪人たちが罰を受ける光景を目にする。そこにはなんとアレクサンドロス大王もいた。ペルシャ帝国を征服したかどで有罪になったのだ。大王が送られた地獄は深くて真っ暗な井戸で、悪臭が立ちのぼり、閉所恐怖症になりそうな狭さだった。山ほどの身長がある地獄の生き物クラフスタルが、罪人の魂を食べる光景も描かれている。ゾロアスター教の法を破った者、とくに性的な悪事を働いた者への罰はことに重く、その記述は80章にもなる(この見開きに絵の一部を紹介する)。

悪が消える「最後の審判」

だが地獄に落ちた魂にも希望はあるようだ。前出の『宗教裁判』の第26章によると、ゾロアスター教終末論の最終段階として、ある日、すべての死者に溶解した金属の川をいくつも渡る3日間の試練が与えられる。正しき者は溶けた金属を心地よく感じ、不純な者はそこで罪が清められるのだ。それはザラスシュトラの誕生から3000年後のことで、月が落ちて暗闇になり、世界は冬に入り、破壊霊アーリマンが地獄から抜けだして地上を恐怖に陥れる。誰もが途方に暮れたそのとき、救済者が出現する。湖で泳いでいた処女が、水の女神が保管していたザラスシュトラの精子で妊娠して生まれたサオシュヤント(救世者の意)である。地獄にいるすべての死者がアイラヤマン神が投げた大きな網で集められ、天国とハミスタガン(中間界)にいる死者とあわせて、肉体とともに復活させられる。そして、溶けた金属の川を渡る浄化の試練が与えられるのだ。

だから地獄は存在するが、永遠ではない。悪はいずれ倒される(だが破壊はされない)。山は崩れ、谷は隆起し、現世と歌の家は月でひとつになり、人類は永遠の生命を獲得する。

上と左ページ:古代ペルシャの預言者ザラスシュトラは、ゾロアスター教の律法にそむいた者は地獄で耐えがたい拷問を受けると説いた。『アルダー・ウィーラーフの書』(1589年頃刊)より。

古代インドの地獄

ヒンドゥー教の死後の世界

ヒンドゥー教という大きな傘の下には、教義や哲学、伝統、神々がまったく異なる宗派がひしめきあうが、本書にとってありがたいのは、地獄に関しては共通の特徴があることだ。地獄の存在は、一般に理解されているヒンドゥー教の終末観、すなわち仏教やジャイナ教でも教義の核となっている「輪廻（りんね）」とは矛盾するようにも思える。魂は転生と再生の繰りかえしから永遠に逃れられないというのが輪廻の考えだからだ。それでもヒンドゥー教には天国と地獄が存在する。そこは生前の善行と悪行に対する報酬もしくは懲罰の場だが、これが死者の最終到着地ではない。新たに転生する前に行いを抑制する重りのような役割を果たしている。天国も地獄も壮大な旅の通過点にすぎず、ほかの宗教にくらべると重要度が低いが、それでも細部は緻密につくりこまれている。

「ヴェーダ」に書かれた責め苦

古代人の死生観をとらえ、時代につれてどう変化したかを理解するには、原初の聖典に触れてみるしかない。すると輪廻の概念は、最初期のどの宗教にも存在していなかったことがわかる。一方、地獄は、古代の3種類の文献で言及されており、知られている最古のものが「ヴェーダ」（「知識」の意味、祭式の文言や規定をまとめた）、「イティハーサ」（「史詩」とも、『マハーバーラタ』や『ラーマーヤナ』など）、そして「プラーナ」（「太古の物語」、神話や伝説など）である。そのうち最も権威があるヴェーダは、おそらく紀元前2世紀にサンスクリット語で書かれたとされている。だが実際はもっと古く、紀元前1000年代から口頭伝承で受けつがれてきたと思われる。

最古級のヴェーダである『リグ・ヴェーダ』には、地上の河川の地下深くにある地獄が早くも登場する。第7巻の讃歌104では、地獄に送らないでほしいと作者が主神インドラに懇願している。そこは「燃えあがる火にかけられた大釜のように、悪人の周囲で罪が煮えたぎっている」。また「果てのない洞窟」では「圧搾石が大音響で悪魔を押しつぶし」、「私たちが穴に落ちるのを防いで」いるという。亡者ども（愚か者、裏切り者、盗人、大食らいなど）がゆでられ、焼かれ、串ざしにされ、手足をもがれる場所なのだ。『アタルヴァ・ヴェーダ』には、バラモン（ヒンドゥー教やバラモン教のカーストで最高位

右ページ：宇宙もしくは普遍の者ヴィシュヴァールーパ（「すべての形」という意味）の姿で描かれたヴィシュヌ神。インド、ラージャスターン州のジャイプールで1800年頃～1805年に作成されたと考えられている。脚に現世と地下世界パーターラの7つの階層が描かれている。

上：ヴィシュヌ神の第4化身で獅子の頭をもつナラシンハ。悪魔の王ヒラニヤカシプが傲慢にも自国でのヴィシュヌ信仰を禁じたため、鋭い鉤爪（かぎづめ）でヒラニヤカシプの身体を引きさいて殺した。

の者)につばを吐いて罪を犯した者、バラモンに求められて牛を差しださなかった者は、地獄で血の川に浸かり、「髪をむさぼり食い」、「死体を洗い、ひげを湿らせた」水を飲まねばならないと記されている。

王の地獄めぐり

サンスクリット語による2大叙事詩のひとつ『マハーバーラタ』の第18巻2章には、ユディシティラ王の物語が収録されている。王は友人や家族が責め苦を受けていることに抗議すべく、地獄へと向かう。地獄めぐりが描かれる最古の例であり、のちの「キリストの黄泉(よみ)降下」にも通じる主題だ。

罪人の悪臭が漂い、肉と血がこびりついて、アブ、ハチ、羽虫がわき、野生のクマが襲ってくる。そこかしこで死体が腐っており、骨と毛髪が散乱し、うじ虫や昆虫がうようよして、すぐそばではたえず火が燃えさかる。鉄のくちばしをもつカラスやワシ、針のようにとがった長い口の悪霊が群がってくる。

高徳な魂の王は、さまざまな考えを抱きながら歩いていた。目前には水が沸騰して渡るのが難しい川があり、鋭い剣や剃刀(かみそり)の葉が繁る森が広がる。白砂の原はすさまじく熱く、岩も石も鉄でできている。周囲には煮えたぎる油が入った鉄壺がたくさん置かれている(略)。

(キサリ・モハン・ガングリの英訳版(1883〜1896年出版)より)

もうひとつの叙事詩『ラーマーヤナ』では、要塞島ランカーを治める悪魔の王ラーヴァナが地獄を訪ねる。この世と地獄を隔てるヴァイタラニー川を無事渡って着いた先は「ナラカ」と呼ばれる地獄で、死の神ヤマとその悪霊たちの都市がある。ヴァイタラニー川は血で満たされているが、正しい者が近づくと美酒に変わり、渡る必要はない。渡るのは罪人だけだが、金や牛を捧げるなどして犠牲を払えば、小舟に乗ることができる。そうでなければ、ヤマ神の家来が現れて引きずられていくまで、何年も待たなくてはならない。

20以上に区分けされた地獄

ヒンドゥー教の地獄は、正確にはどこにあるのだろうか。「プラーナ」をひもとけばそれがわかる。プラーナは古代および中世インドの宇宙論的な歴史と伝説をまとめた百科全書のような文献で、

40万編超の物語詩で構成され、300〜1500年頃のあいだに成立したとされる。ありとあらゆる主題が網羅されているが、地獄の記述はごくわずかだ。

『バーガヴァタ・プラーナ』は、地面の下にある7階層の地下世界パーターラと、宇宙の底にあるガルボダカ海のあいだに地獄を位置づけている（パーターラは、ヒンドゥー教伝統の地下の地獄とは異なるもので、スヴァルガ・ローカという天国より美しい地下楽園だ）。『デーヴィー・バーガヴァタ・プラーナ』では宇宙の最南端に、『ヴィシュヌ・プラーナ』では宇宙の水の下に地獄がある。

『マールカンデーヤ・プラーナ』には、「陰鬱な」領域が深い暗闇の中で燃え、「いかに豪胆な人間でも戦慄が走り、青ざめて、目を恐怖に見ひらく」光景が浮かびあがると書かれている。罪人は鉄のくちばしをもつ鳥に身体を食いちぎられ、猛々しい風貌をした死の下僕たちが太い鉄棒でたえず殴りつけるので、流れる血で周囲は洪水のようだ。これが通常の罰で、ほかに「焼けた砂を満たした巨大な壺」に埋められ、熱さにもだえ苦しむといった特別な罰もある。

プラーナに登場する地獄は区分けされており、それぞれの様子が細かく描写されている。ヒンドゥー教の地獄の区分けを最初に列挙したのが『ヴァーマナ・プラーナ』（450〜900年頃に成立）だ。区分けされた数は21というのが通説だが、原典では25になっている（文献によってはほかの数もある）。とくに強調されているのが途方もない大きさで、たとえばラウラヴァは幅2000リーグ（約9600km）にわたって石炭が赤く燃えているという。マハーラウラヴァは4000リーグ（約1万9000km）と約2倍の大きさだ。ここは融解した銅が煮えたぎる沼で、畑や納屋、村に放火した者が送られる。泥棒が凶器で打ちすえられるターミスラはさらに2倍の8000リーグ（約3万8000km）、アンダターミスラは1万6000リーグ（約7万7000km）といったぐあいだ。履物を盗んだ者が入る地獄はカラムバスィカターで、いうことを聞かない子どもはアプラティシュタに入る。年長者に裸足（はだし）で触れた者はラウラヴァ行きだ。日照りのとき自分だけ食いつないだ者はシュヴァボージャナという地獄に行き、聖日に性交した者はシャールマリという地獄で真っ赤に焼けたとげが待っている。

解脱（げだつ）による救済

『パドマ・プラーナ』には、死の神ヤマは「黒い粘土の塊」のようだと記されている。「残酷で無慈悲で威圧的で、いかめしい使者

下：魚の姿をしたヴィシュヌ神の第1化身マツヤが、悪魔サンク・アスラを退治する絵画。1780年頃。

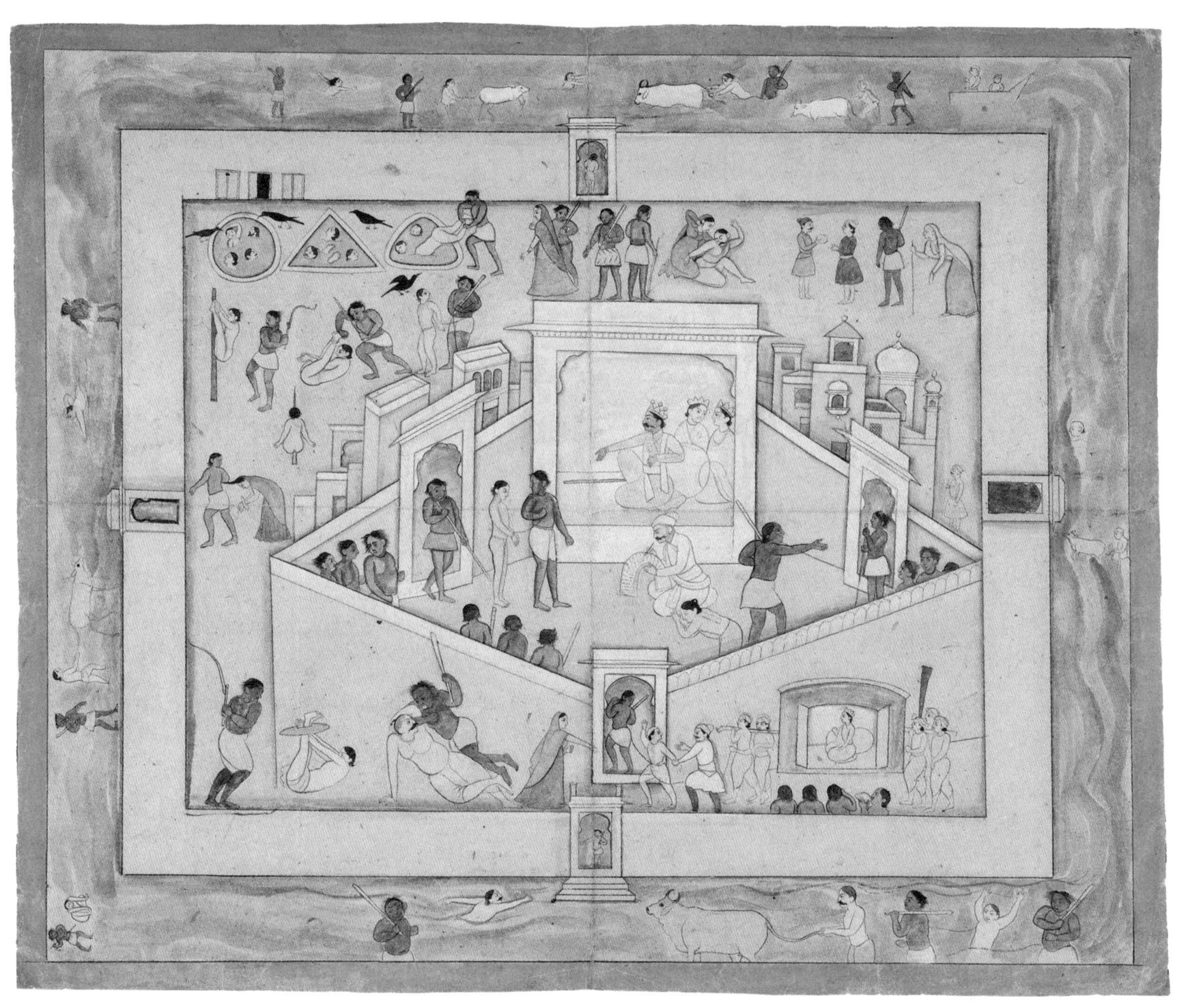

上：死の神ヤマの法廷。1800年頃。

を従え、あらゆる病を抱えている（略）水牛に乗り、大きな歯が獰猛で恐ろしげだ。ヤマの顔は死にそっくりだ。邪悪な心の持ち主には、赤い花を飾った巨躯のヤマが見えるだろう。そして拷問を受け、木の槌で罰されるのだ」。『パドマ・プラーナ』には地獄を構成する7つの領域も説明されている（各領域が6つの区画をもち、さらに故意の罪と過失の罪で担当が分かれるため、全部で84になる）。だが、作者（たち）がとくに力を入れたのは、地獄で受ける罰の描写だ。

罪人は乾いた牛糞を燃やす火であぶられ、獰猛なライオン、オオカミ、トラ、アブ、地虫に食われる。大きなヒルやコブラ、恐ろしいハエ、猛毒のヘビに食われることもある。猛りくるったゾウの群れや、地面を引っかくとがった角の大牛に食われる。スイギュウの大きな角に身体をえぐられ、残虐な女の鬼や悪魔に食

上：ジャイナ教の宇宙論に基づく地獄の刑罰。17世紀制作。

われる。大きな天秤に乗せられ、業病にさいなまれ、野火に焼かれながら、ヤマ神のもとへと進む。

つまり大雑把に言えば、ヒンドゥー教における死後観の核には、輪廻転生の繰りかえしの中にある限り、この世での生を人間がより良くすることなどできないという考え方がある。救済は輪廻転生ではなく解脱（モークシャ）にあり、これはジャイナ教や仏教でも同じだ。解脱とは自己を捨てることであり、その結果、絶対原理ブラフマンに吸収され、人の存在はその絶対原理のひとつの成分にすぎなくなる。哲学書『チャーンドーギヤ・ウパニシャッド』には、ブラフマンは人間の「心に在する自己」であると同時に宇宙全体であり、米粒より小さく、世界と空より広いと書かれている。ブラフマン

上：インド、グジャラート州のジャイナ教寺院に伝わる、ジャイナ教の宇宙論の7つの地獄図。1613年制作。

と融合することでのみ人は不死となり、存在すら定かでない静穏な境地に入る。いかなる魂も、この最終的な運命から排除されることはない。

Hells of the East

東洋の地獄
インド起源の地獄

紀元前500年頃にインド北部で誕生した仏教は、ヒンドゥー教と共通点が多い。しかしシャカ族の王子で托鉢哲学者となり、仏教を開いたガウタマ・シッダールタ(釈迦)の教えでは、ヒンドゥー教の一部の教義は削られている(釈迦は死後2世紀たって、「悟りを開いた者」を意味する「ブッダ」と尊称されるようになった)。ヒンドゥー教の神々と司祭、動物供犠などの儀式はなくなり、カーストと呼ばれる身分制度も否定された。ブッダが説いたのは瞑想を通じて悟りを追求し、涅槃(ねはん)(「解脱(げだつ)」)という最終目的を達成することだった。これによって宇宙とひとつになり、生と死の繰りかえしから脱却することができる。自己は幻影でしかなく、永遠の生命をもちたいという欲求は涅槃への到達を妨げる。涅槃は人智をはるかに超えた状態で、言葉で表すことは不可能だ。インドでは、仏教は最終的にヒンドゥー教に吸収され、ブッダもヒンドゥー教の神々に解けこんでしまったが、ブッダの教えは中央アジアから東アジア、南アジアに広まった。

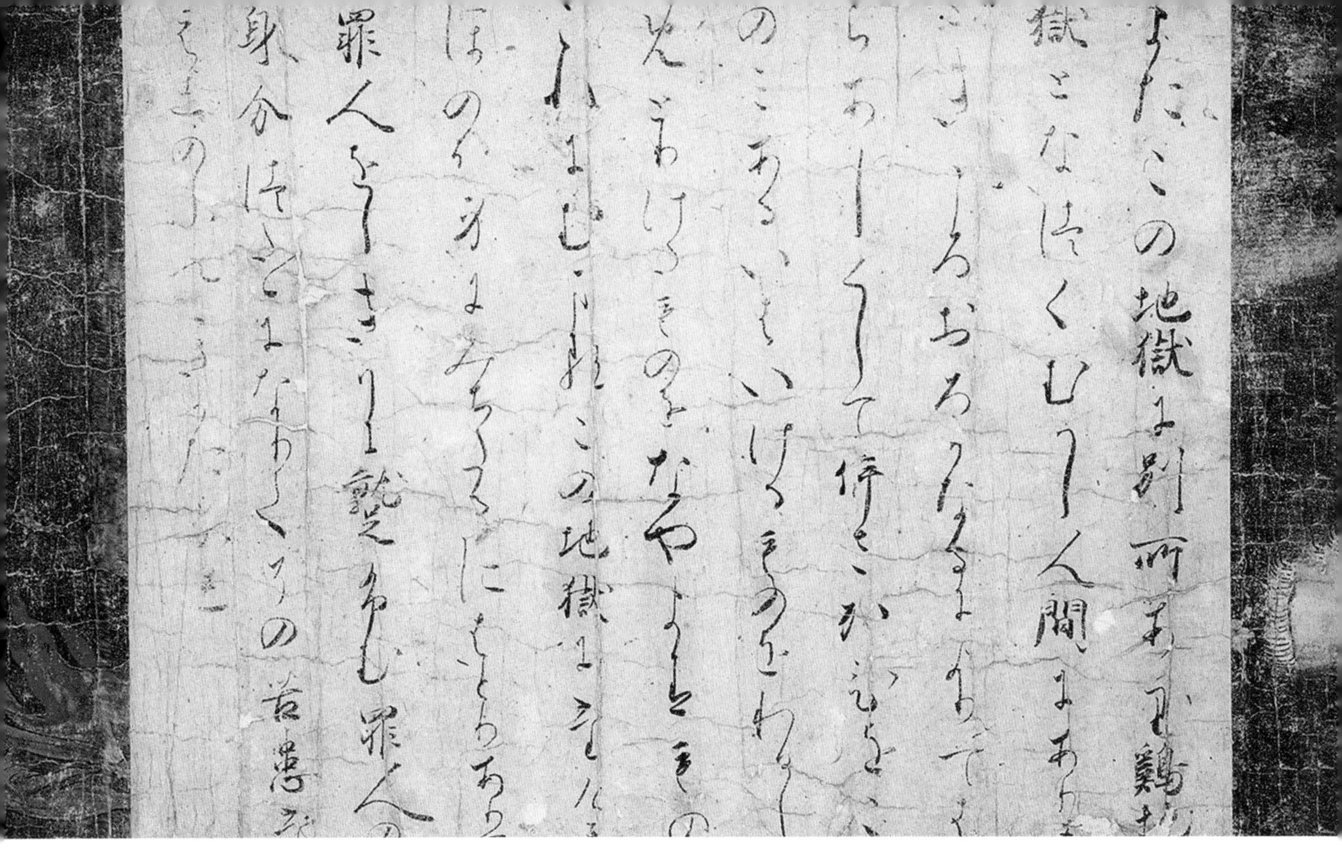

上:12世紀に日本でつくられた仏教説話の絵巻『地獄草紙(ぞうし)』より、十六小地獄の11番目で、巨大な鶏が火を吐く「鶏地獄」。ほかにも「屎糞所(しふんじょ)」「鉄磑所(てつがいしょ)」「黒雲沙(こくうんしゃ)」「膿血所(のうけつしょ)」「狐狼地獄(ころうじごく)」などがある。

8つの大地獄

仏教に残っているヒンドゥー教の特徴のひとつが、ナラカ(奈落)と呼ばれる地獄の世界だ。ただしその位置づけはむしろ古代宗教に近く、罪ぶかい魂の最終的な行き先というよりは、死と再生の繰りかえしの中で、不信心の報いにより一時的な罰を受けるところである。とはいえ地獄の滞在期間は短いどころか(時間の流れは現世と同じだ)、10^{21}年というとんでもない長さの記述もある。後漢時代に中国で成立した『十八泥犁(ないり)経』によると、死ぬことができない罪人どうしの壮絶な殺しあいが人間の時間に換算して135億年続く地獄や、270億年にわたって猛火で焼かれつづける地獄、火であぶられ、ウジ虫に食われる苦しみが8640億年続く地獄などがあるという。

いくつ地獄があるのかは、現存する仏典によってまちまちだ。広い地域に普及したうえに、何世紀にもわたって土着信仰の影響を受けてきた仏教は、地獄の数も8から数千まで幅があり、死

後世界の探検旅行はとんでもない日程になる。これほど数が多いのは、犯した罪を具体的に示し、それに応じた地獄を用意したためだ。ただし最古級の出典から記述があり、以後受けつがれてきた一般的な数は8だ。巨大な洞窟のような大地獄が、8段の階層になっていると考えてほしい。大地獄には門が4つあり、それぞれが4つの小地獄につながっている。つまり小地獄は合計16だ。階層を下りるにつれて、刑期も直前の8倍に伸びる。この8つの地獄を上から順に見ていこう。

左ページ:古代インドの死者の王ヤマ(閻魔)がつかんでいる「生命の輪(バヴァチャクラ)」の中に、仏教における死と再生を描いた六道絵。中央のヘビ、ブタ、雄鶏はそれぞれ渇望、憎悪、無知を表し、周囲には天道、阿修羅道、人道、畜生道、餓鬼道、地獄道が描かれている。

等活(とうかつ)地獄

終わりのない繰りかえしの地獄。地面は鉄で下から炎で熱せられている。亡者は互いに敵愾(てきがい)心をもち、鉄の爪や武器で襲いあう。殺されてもなぜか復活し、ふたたび罰が始まる。閻浮提(えんぶだい)(古代インドの世界の中心である須弥山(しゅみせん)の南に位置する大陸で、人間界をさす)の地下1000由旬(ゆじゅん)のところに位置し、大きさは縦横1000由旬である(一般的には1由旬は7〜9マイル/12〜15kmに相当)。

黒縄(こくじょう)地獄

地獄の番人に熱鉄の縄で縛られ、体についた縄の痕を目印に熱鉄の斧で切断される。

衆合(しゅごう)地獄

石で押しつぶされる地獄。罪人は巨石で細かくすりつぶされ、赤い練り物状になるが、石が元の場所に戻ると身体も復活し、ふたたび責め苦が開始される。

叫喚(きょうかん)地獄

悲嘆の地獄。ここにいる者は猛火に責められ、叫びながら必死に逃げまどう。安全そうな場所に逃げこんでも、その鉄室に閉じこめられて火にあぶられる。

大叫喚(だいきょうかん)地獄

より苦しい悲嘆の地獄。クラブヤダという獣に身体を引きさかれ、激しい苦痛にさいなまれる。

焦熱(しょうねつ)地獄

赤く熱した鉄串で突きさされ、目と口を破って炎が噴出する。

上：仏教の教えを描いた、チベットで「ツァクリ」と呼ばれる絵札。これは学業を怠った僧侶が行く地獄で、巨大な書物に繰りかえし押しつぶされる。

大焦熱(だいしょうねつ)地獄

より激しい焦熱地獄。さらに串刺しにされる苦痛が、半中劫(ちゅうこう)という気の遠くなるような長期間にわたって続く。

阿鼻(あび)地獄

大罪を犯した者が送られる最下層の地獄で、中断も終わりもない責め苦が続く。大きなかまどで絶えず焼かれる。一辺が約２万由旬（約18万6410マイル／約30万km）の立方体の空間とされる。

チベット仏教においては、これら「八熱地獄」と地上とのあいだに「八寒地獄」もある。あまりの寒さで歯がカチカチ鳴る地獄、凍傷で皮膚が青いハスの花のようになる地獄などである。八熱地獄、八寒地獄のそれぞれに16の小地獄が付随するので、地獄の数は最低でも256ということになる。

剣の葉の木

仏教がインドから東アジアに伝播するにつれて、古来の信仰の教義が誇張されて付けくわえられたり、各地に伝わる神話の要素が入りこんだりしていった。985年に日本の仏僧、源信が編んだ仏教書『往生要集』に出てくる「剣の木」がその一例だ。好色の罪を犯した者はこの木を登ったり下りたりしなければならない。

> *高い枝のところに見目うるわしく着飾った美女がいる。喜び勇んで木を登ろうとすると、葉が剣のように肉を切りさき、筋を割く。ようやくたどりついたら、美女は地面にいて、下りてこいと誘いをかける（略）下りるときは剣の葉が上を向いて、またしても身体を引きさくのだ。そして地面に着くと、美女はもう木のてっぺんにいる（略）これが無量百千億年繰りかえされる。*

仏教の地獄が詳細に記されているのが「経（きょう）」である。経は仏教の正典であり、ブッダが直接語ったとする説教も含まれている。紀元前2世紀〜紀元4世紀のあいだに成立したとされる『マハーヴァストゥ』（サンスクリット語で「偉大な物語」の意味）では、8つの大地

左：中国にある北京東岳廟では、地獄の階層ごとに行われる責め苦が再現されている。これは嘘つきが舌を切りとられるところ。

獄それぞれに16の小地獄があって合計128となっている。縦、横、高さが100由旬の立方体の要塞が格子状に整列しており（要塞の四隅に小地獄への門がある）、全体を鉄柵が囲み、上は鉄の天井で封印され、足元は熱い鉄が広がる。

パーリ語の中編経典を集めた『マッジマ・ニカーヤ』（紀元前200〜100年頃）を読むと、地獄の要塞は壁や床、天井から炎が降りそそぎ、各壁にある出口の扉は大きく開いているのに、近づくと目前で閉まると書かれている。東の扉を抜けた先は屍糞増（しふんぞう）という地獄で、怪物にむさぼり食われる。そこを逃げだしても煻煨増（とういぞう）で熱灰の中を歩かされ、先ほども登場した剣の木が生える鋒刃増（ほうじんぞう）で身を切られ、最後に灰水が煮えたぎる烈河増（れっかぞう）に転がりおちる。向こう岸に泳ぎついたら、融かした銅と熱した金属球をのどに流しこまれるだろう。こうして罪をつぐなわないかぎり、責め苦を逃れて生まれかわることはできない。

道教と結びついた中国の地獄

地獄の名称や細部はインドとチベットと日本、またその他の仏典で微妙に異なるが、基本的な特徴は共通している。ただし中国の場合、仏教の概念は道教およびその他の中国土着の宗教の影響下で発達したため、神話の浄罪の場が地獄にすりかわるといった変化が見られる。死者が10人の王に裁かれるという十王信仰もそのひとつで、その場面を寺院内に再現した施設が、重慶市の豊都鬼城や北京の東岳廟（前ページ写真参照）など全国にある。死者は孼鏡台（げつきょうだい）に立って現世での行いを振りかえり、第一の裁きに入る。第二から第九までの裁きで浄罪のための責め苦に耐え、第十の裁きで転法輪（てんぼうりん）と醧忘台（おうぼうだい）の助けを借り、記憶を消されて新しい生命を授けられる。

伝説によると、中国の地獄は宇宙の辺縁に位置し、1万2800の部門に分かれているという。この地獄の運営を、玉（ぎょく）皇大帝（道教の最高神）から任されたのがヤマ（閻羅（えんら）王）だが、地獄に到着して最初に出あうのは冥界の牢番である牛頭（ごず）と馬頭（めず）だ。人は死ぬとみな、その地獄に送られるが、悪行をほとんど働かなかった者はすぐに抜けだすことができる。それ以外は10人の王によって法廷で裁きを受ける。地獄の都は幽都と呼ばれ（ミルトン著『失楽園』のパンデモニアムのようなものだ）、冥界の役人の官邸や役所も点在している。漆黒の闇に包まれている点をのぞけば、この世の都と変わりないという。

中国文化においては、地獄の仕組みも官僚的になる。死者は

上：中国の典型的な地獄図。ヒンドゥー教と仏教におけるナラカ（奈落）の影響がある。上から順に石壓地獄、牛坑地獄、抜舌地獄。

下:18世紀のタイでつくられた折本経典。地獄に飛んだ仏僧プラ・マーライの説話を描くことが決まりだ。死者の来世のために功徳を積むべく親族が製作を依頼した。金をかければそれだけ大きな功徳を積める。

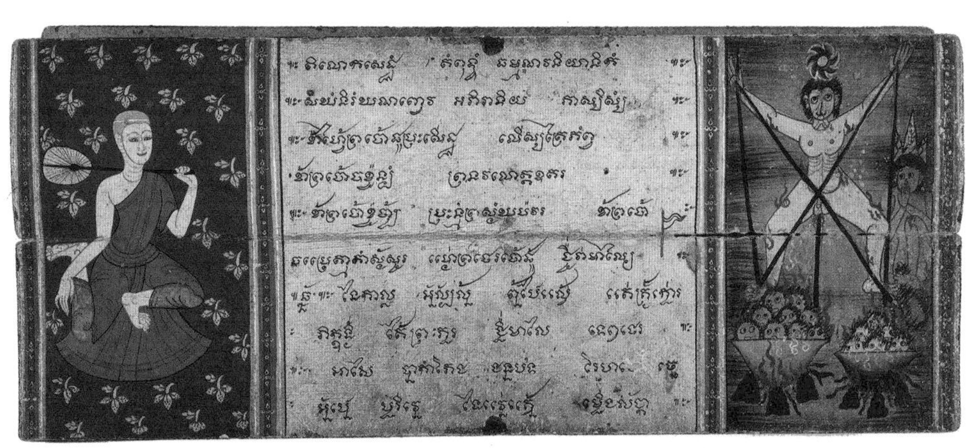

長いあいだ待たされるし、自分の運命を決める担当部署にたどりつくまで、あちこち訪ねあるかなくてはならない。請願を出すのも厳密な手順を踏まないと前に進まない。もちろん地獄でも手違いはある。中国の説話「目連救母」(921年以前)には、人違いで餓鬼の地獄に送られてしまったのに、現世の家族が葬式を出してしまったため、生き返ることができなかったという挿話が出てくる。地獄は身体を痛めつける伝統的な場所ではあるが、時代とともに性質が変わっていくようだ。民衆が大いに共感するのは、地獄で小役人に何度となく「小さい傷」をつけられる責め苦だろう。地方の役所に関わった者なら、誰しも経験があるからだ。

上：正規の紙幣そっくりにつくられた中国の冥銭。祖先をまつる儀式で燃やすと、故人があの世で金に困らないという。描かれるのは中国道教の最上位の神である玉皇大帝や現代の有名人だ。上の例は元米大統領のジョン・F・ケネディを描いた1960年代の冥銭。

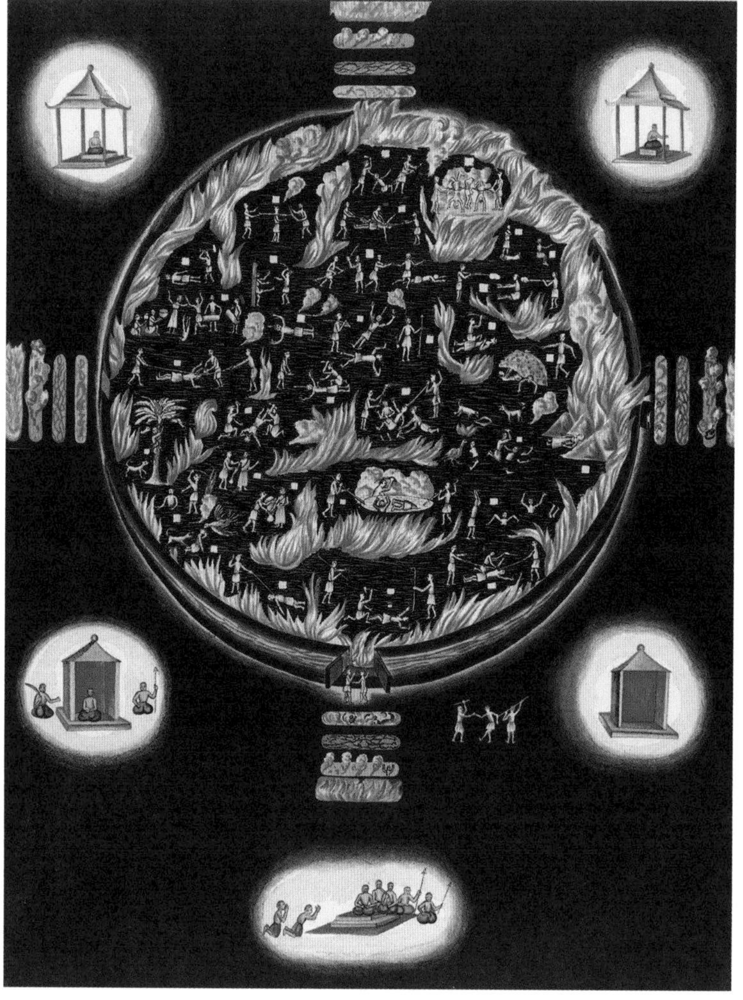

左：ミャンマー式のナラカ(仏教の地獄)。サー・リチャード・カーナック・テンプル著『三七の神々——ビルマ霊魂信仰の一様相』(1906年)より。

右ページ：地獄で責め苦を受ける様子を描いたタイの装飾写本の挿絵。

Hades

ハデス
ギリシャ神話の冥界

「輝くオデュッセウスよ、気やすめはやめてくれ」。ホメロスの叙事詩『オデュッセイア』第11書で、トロイアで戦死したアキレウスの霊が冥界を訪問したオデュッセウスに叫ぶ。「生を終えた死者たちの王になるぐらいなら、地上で下男として貧しい主人に仕えるほうがいい」。記録に残っているギリシャ最古の死後の記述は詩人ホメロスによるものだ。死者は生前の自分の亡霊であり、力もなければ作用もおよぼさず、さまようだけの影として描かれている。太陽も昇らない茫漠(ぼうばく)とした死者の世界はハデスと呼ばれた。霊魂をさらってきてそこに住まわせる神の名もハデスだ。

ハデスの入口となる地形

ハデスの地理的な位置は時代とともに変化し、進化している。ホメロスの『イーリアス』には、世界は円盤のような大陸で、巨大

下：ヤン・ブリューゲル（子）の「冥界のアエネイスと巫女」（1630年頃）。ネーデルラントの画家ヒエロニムス・ボス（1459〜1516年）の作品を受けて描いたブリューゲル（父）の絵に触発されている。

上：オランダの画家ヤーコプ・ファン・スワーネンブルフの「カロンの舟と黄泉(よみ)の国をアエネイスに見せる巫女」(1620年頃)。古典古代の冥界が描かれ、冥界の神プルートが戦車を駆って空を飛び、左下にはカロンとその舟が浮かぶ。右下の巨大な地獄の口には7つの大罪が描かれている。

な川オケアノスがぐるりと取りかこみ、地上のすべての淡水の水を供給しているとある。太陽、月、星々はこのオケアノスから昇り、また沈んでいく。ハデスがあるのはオケアノスのさらに先、西の方角だという。その後、ハデスは地下世界とされ、谷や山などの自然の地形のどこかに入口が隠れていて、生者もそこを通って行けるとされた。

その一例がギリシャ南端のマニ半島にあるマタパン岬(古代名タエナルム岬)だ。ギリシャ神話の英雄ヘラクレスが冥界の番犬ケルベロスを引きずりだし、吟遊詩人オルペウスが死んだ妻エウリュディケーを連れかえるために通った洞窟がここにあるという。

ギリシャの都市アルゴスの南、ペロポネソス地方東岸に近いレルナには底なしのアルキオニアン湖(現在は湿地帯だ)があり、怪物ヒュドラが地獄の入口を守っていたという。母セメレを探すディオニュソスは、おそらくここから冥府に入った。旅行家パウサニアスの『ギリシャ案内記』にはこう書かれている。「アルキオニアン湖の深さに限界はなく、いかなる工夫をもってしても、その底に到達した者を私は知らない。ネロ帝は数スタディオン(古代ギリシャの長さの単位)にもなる縄を何本もつくらせて結びあわせ、先に鉛をつけて抜かりなく実験を行ったが、それでも湖の底を突くことはできなかった（略）泳いで渡ろうとする者は引きずりこまれ、深みに吸いこまれて姿を消す」。古代ローマ人は、イタリア南部のカンパニア州にある火口湖アヴェルヌス湖も冥界の入口だと考えていた。古代ローマの詩人ウェルギリウスの叙事詩『アエネイス』で主人公が冥界に下りていったのはここからだ。

ハデスの探検

ハデスは地理も詳しく描かれているが、そこに到達するには大きな障害があった。ステュクスという大河が七重にも取りかこんでいるのだ。ステュクスは憎悪の川であり、神々もこの水に誓いを立てることから、破られない誓約の川でもある。ステュクス川は渡し守カロンが漕ぐ舟でないと渡ることはできない*1。

冥界を流れている川はステュクスだけではない。アケロンは悲しみと苦悩に満ちた暗黒の底なし川だ。コキュートスは嘆きの川。プレゲトンは火の川で、奈落タルタロスに流れこむとされる。そしてレーテ川は飲むと記憶が消える水が流れる。死者は再生を願い、前世を忘れるためにその水を飲むのだ。

ここを探検する勇者のために説明するが、ハデスはいくつかの領域に分かれている。タルタロスは重罪人が行くところで、エリュシオンは高潔な者だけが入れる極楽だ（168〜173ページ参照）。嘆きの野（ルゲンテス・カンピ）は、報われない愛で人生を浪費した者が行くところ。そしてアスフォデルの原は、重大な罪を犯したこともなければ、エリュシオンに入れるほど高徳でない平凡な魂の行き先だ。

ステュクス川を渡るといくつも扉があり、スキュラやブリアレオス、ゴルゴン姉妹、レルナのヒュドラ、ゲリュオン、キマイラ、ハルピュイアといった怪物がうろうろしている。入口を警備しているのは多数の頭をもつ恐ろしいケルベロスだ。彼らをうまくかわして、ようやくハデス本体にたどりつく。そこは寂莫とした暗黒の迷宮で、寒々とした広間が続き、施錠された門に囲まれていて、入るまでの困難を思うとむしろ落胆するかもしれない。

ハデスの陰鬱（いんうつ）な光景がこれでもかと描写されているのが、ホメロスの『オデュッセイア』第11書だ。主人公オデュッセウスは預言者テイレシアスの助言を得るためにハデスを訪れる。そこには無数の魂がどんよりと漂い、オデュッセウスが与えた雄羊の血を飲んで、ようやく口がきけるありさまだった。ハデスは懲罰の場でもあり、たとえ自殺しても出ることはかなわないが、壮絶な刑罰が科されるキリスト教の地獄よりはましかもしれない。『オデュッセイア』

*1　今日ではカロンの渡し舟といえばステュクス川だが、実は川の名前は出典によっていろいろある。古代ギリシャのパウサニアス、ピンダロス、エウリピデス、プラトンは、カロンはアケロン川の沼地を進むと書いている。いっぽうプロペルティウスやオウィディウス、スタティウスといった古代ローマの詩人がそろってステュクス川としているのは、ウェルギリウスの叙事詩『アエネイス』の影響だろう。

によると、ゼウスの妻に乱暴を働いた巨人テイテュオスは、地面に横たわって生きたまま2羽のハゲタカに肝臓と腸を食われる罰を受けている。タンタロスの罰は水にあごまで浸かり、水を飲もうとすると水面が下がるというものだ。有名なシシュポスは、巨岩を山頂まで押しあげようとするが、毎回あと少しというところで岩は転げおちる。

上：ネーデルラントの画家ヨアヒム・パティニールの「ステュクス川を渡るカロン」（16世紀）。カロンが小舟に魂を乗せてステュクス川を渡り、地獄または天国に運ぶ。右上は地獄とその不気味な入口。

左：ギリシャ神話に登場するテッサリア王イクシオンは、妻の父を殺した罰として、ゼウスの命令で火炎車に縛りつけられ、永遠に回りつづけた。オランダの画家・彫刻家コルネリス・ブルーマールト2世（1603年頃〜1692年）作の版画。

後代の疑義

神話の内容は多彩で、物語としては説得力充分だ。だが時代が下った古代の哲学者たちは、終末論としては不充分と考えていた。イエス・キリストと同時代の古代ローマの哲学者ルキウス・アンナエウス・セネカは、存在の本質について「死後は無であり、死そのものが無である」という結論に到達した（19〜20世紀のアイルランドの作家ジョージ・バーナード・ショーは「自分の来世が悪いものでないと思いこめる人は、正気ならざる自己欺瞞だ」と書いているから、さぞやセネカと気が合っただろう）。歴史家リチャード・ラティモアの『ギリシャとラテンの墓碑銘の主題』（1942年）に収録されている同時代の墓碑銘にも、同様の懐疑精神が見てとれる。

旅人よ、私の墓碑銘の前を通りすぎてはいけない。立ちどまって耳を傾け、真実を学んでから先を進むがよい。ハデスには舟もなければ、船頭カロンもいない。冥府の鍵を預かるアイアコスも、ケルベロスという名の番犬もいない。死んだら骨と灰になって土の下に入るだけだ。ほかには何もない。これはほんとうのことだ。さあ旅人よ、行くがいい。私のことを、死んでもなお言葉の多いやつだと思わないでくれ。

右ページ下：紀元前4世紀後半につくられた「オルペウスの金板」。死後世界への最良の道案内と、冥界で裁きを受ける際の模範解答が示されており、「死者のパスポート」と呼ばれる。

古代ローマ後期の墓石には、この観念を最も端的に表す文字が刻まれている。現代ならさしずめ「RIP（安らかに眠れ）」とするところだが、当時は「n.f.f.n.s.n.c.」がよく見られた。「non fui, fui, non sum, non curo」の略で、意味はこうだ――私はいなかったのか、いたのか、いまはいないのか、どうでもよい。

上：紀元前4世紀後半の古代ギリシャ時代、南イタリアのプーリアでつくられた脚付き瓶（部分）。「冥界の絵描き」と呼ばれた絵付師が、亡くなった若者を描いたもの。

ヘル――北欧の冥界
冷酷な女神の王国

ヴァイキング文化は口頭伝承であり、スカルドと呼ばれる吟唱詩人が叙事詩「サガ」を語ることで歴史が伝えられていたため、伝える者の呼吸が止まれば細部も失われた。写本による記録が始まったのは、時代が下ってキリスト教への改宗が進んでからだ。ヴァイキングには中央の教会組織はなく、分散した集落で多数かつ多彩な神々が信仰されていた。死後の世界観を知る第一の情報源はサガだが、そこに現れる概念も複雑で多種多様だ。歴史家H・R・エリス・デヴィッドソン（1914～2006年）は、「古代スカンジナヴィアの文学には、死後に関する共通認識は伝統的に存在しない（略）そこを単純にとらえすぎると理解を誤ることになる」と書いている。それでも考古学上の発見を参考にすることで、死に向きあう

下：ヘンリー・ホイートンは著書『北方民族の歴史』（1831年）で北欧神話の世界構造を図解してみせた。地下世界であるニヴルヘイムは北欧のヘルの概念と重なる。

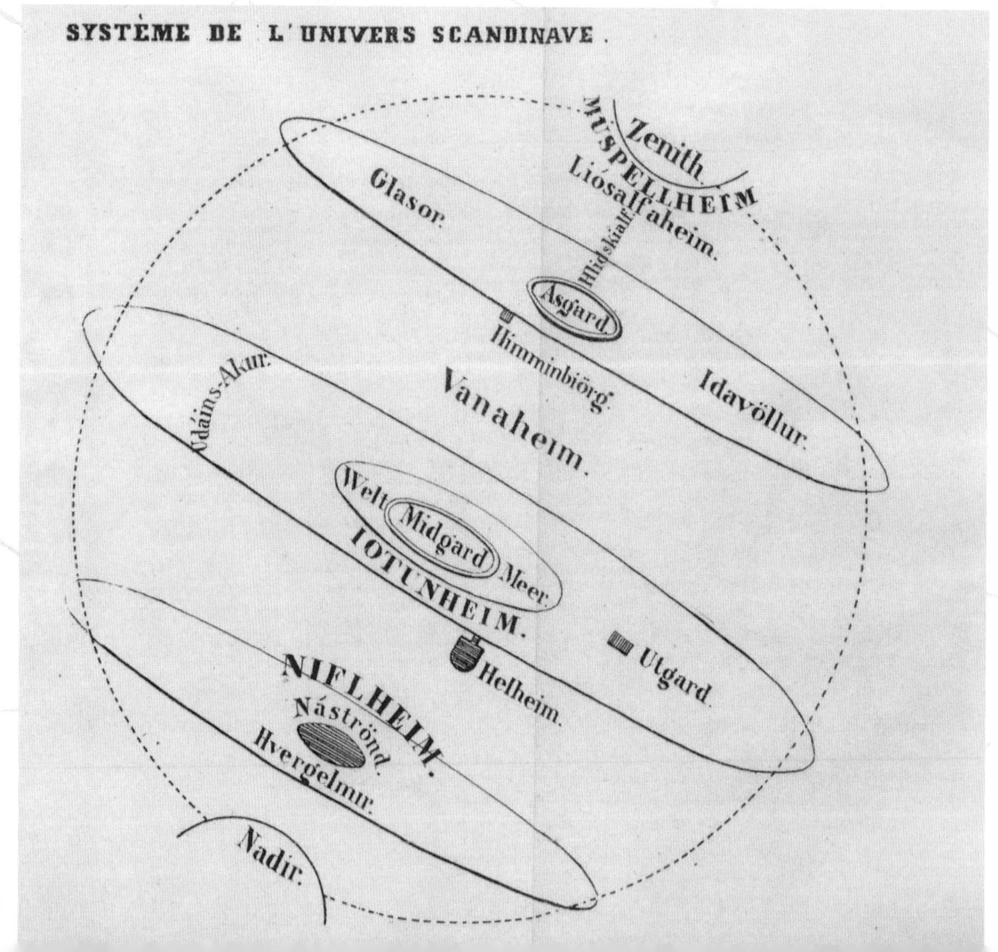

ときに外せない主題や、死後世界のおぼろげな様子が、混沌の中から浮かびあがってくる。

3人の女神と3つの冥界

死んだ者は生前の行動に基づき、道徳的、思想的に選択されて賞罰を受け、救済か天罰かが決まるというのが世界各地で見られる基本原理だ。ところが古代スカンジナヴィアでは、キリスト教伝来までそうした考えはなかった(「巫女の予言」という詩には、壁や屋根に無数のヘビがからみあい、天井から毒がしたたるナーストレンド(死体の岸)という死後の館が出てくるが、キリスト教の影響が明白だ)。

死者の到着地として有名なのはやはりヴァルハラだが(190〜193ページ参照)、知名度では劣っても死者の受け入れ先になっているところはほかにもある。たとえば「アースガルド」という神の国にいる豊穣の女神フレイヤは、旅する魂を自らの宮殿フォールクヴァング(「民衆の原」や「戦士の原」の意)に快く迎えいれたという。ただし記述があまりに少なく、細部は不明である。

それより良いかどうかはともかく、死者の行き先はまだある。海難の死者は、海中にある女巨人ラーンの王国に引きずりこまれる。やはり詳細はわからないが、ラーンとその夫である巨大な海神エーギルは、波の下の海底に豪華な宮殿を構えているという。エーギルは善良な性質だが、ラーンは気まぐれに生命を奪い、恐ろしい海を擬人化している。船から落ちた者を捕まえて、暗い海中に引っぱりこむのはラーンのしわざだ。古代スカンジナヴィアでは、ラーンのような巨人は神々の最大の敵である。両者はラグナレクと呼ばれる最終決戦で激突し、神々が敗北する(黙示録的な予言はたいていそうだが、最終決戦がいつ起こるのかはあいまいだ)。

海中の王国を支配する女巨人ラーンと対立するのが、女神ヘル(Hel)だ。大狼のフェンリル、大蛇のヨルムンガンドとともに、ロキ神と女巨人アングルボザのあいだに生まれた冷酷な娘である。ヘルは自らの名がついた地下の冥界に君臨している(「Hel」は古英語の「hell」と同様、ゲルマン祖語で「隠された場所」「黄泉の国」を意味する女性名詞「xaljo」が語源である。「殺しの間」を意味する ヴァルハラ、近代英語のホール「hall」も同様だ)。『散文のエッダ(スノッリのエッダ)』では、女神ヘルは「半分青黒く、半分肌色をしており(だからすぐわかる)」、「不機嫌で激怒している」と表現されている。

寒々とした館ヘル

女神と同名の冥界ヘルについては、どんな住人がいて、最後

上:北欧神話の主神オーディンの息子で、神々の使いを務めるヘルモーズが、女神ヘルに捧げものをして、兄バルドルを生きかえらせてほしいとひざまずく。『散文のエッダ』第1部49章「ギュルヴィのたぶらかし」の場面。

の旅に向けてどんな道具で埋葬するかといった細部を、古アイスランド語の文書から拾うことができる。ヘルは寒々とした影の世界で、最初は勇者の魂も小心者の魂もいるところだった。しかし次第に変化して、逃げ腰の戦士など「臆病な死にざまの者」が行く先になる。勇者の魂が行くヴァルハラとは正反対だ。13世紀に

下：1859年に描かれた世界樹ユグドラシルの挿絵。北欧の世界観を表した木で、天界（神々の国）、物質の世界（人間や巨人などの国）、冥界（ニヴルヘイム）を結びつけている。

は、ヘルはキリスト教の地獄のように災厄と苦痛と刑罰を与える場所になった。13世紀初頭のアイスランドの歴史家スノッリ・ストゥルルソンは、「悪人はヘルに入る。さらに霧と暗闇の王国ニヴルヘルへ下る。九番目の世界だ」。そこでは病気や老衰など不名誉な死に方をした者が、亡霊のように震えているという。

『詩のエッダ(古エッダ)』に入っている「グリームニルの歌」では、ヘルは世界樹ユグドラシルが張る3本の根のひとつの下にある大きな館だという(ほかの文書には、ヘルは極北の凍りついた暗闇で、ギリシャ神話のハデスと同様、ケルベロスのような獰猛な番犬がいるという記述もある)。「壁はどこまでも高く、門は巨大だ」とストゥルルソンは書いている。「女神ヘルの館はエリュードニルと呼ばれている。皿は空腹、ナイフは飢え、下男は役たたず、女中は無精者、入口の敷居はつまずき穴、寝台は病床、寝台に下がる布は不幸の兆しだ」

周辺部も興味ぶかい。ヘルヴェグル(ヘルに続く道)は生者の国から渡ってこようとする者でひしめきあっている。ここまで来ると現実はぼやけて定かではない。「ブリュンヒルドの冥界騎行」という短い詩では、飾りたてた荷馬車の中で焼かれ、冥界に下ったブリュンヒルドがヘルヴェグルを進むうちに、巨人が住んでいた家を通りかかって巨人と話をする。「バルドルの夢」では、息子バルドルが自分が死ぬ夢を見たというので、父オーディンがヘルヴェグルを通って冥界を訪れ、死んだ巫女と言葉を交わす。

ヘルには世界が終わりを迎えたときに果たす役割がある。「ヘルの館から飛んできた暗赤色の雄鶏」が鳴いて、ラグナレクという世界の終末を告げるのだ。「巫女の予言」という詩には、ヘルが登場する最も劇的な場面がある。ラグナレクが迫り、巨人と神との壮絶な戦いで世界が引きさかれようというとき、ヘルの死者たちは亡霊船団に乗りこみ、ロキ神の指揮のもとで船上へと向かうのだ。そこで最終対決が始まる。

海原の東に見えてくる/1隻の船
ヘルの住人を乗せ/ロキが舵をとり
狼の先導で/荒くれた者たちが続く
彼らとともにいるのが/ビューレイストの兄弟だ。

「グリームニルの歌」の作者はさらにこう追加している。

だが生命を奪われた者たちは/容易ではなかろう
荒れくるう海を渡るのは。

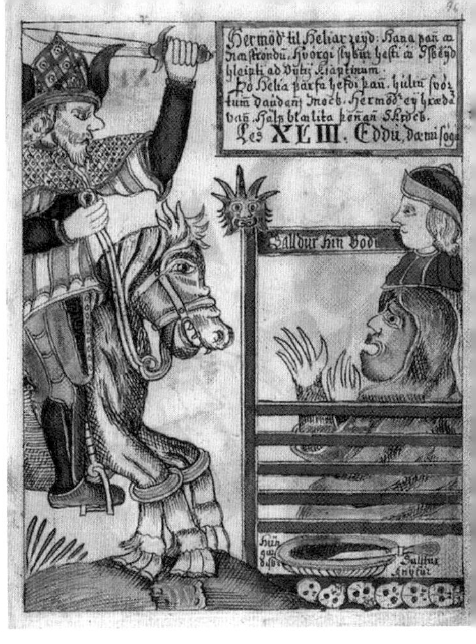

上:馬上のヘルモーズは、死んだ兄バルドルとヘルで再会する。デンマーク王立図書館が所蔵する1760年頃のアイスランドの写本から。

下:スノッリ・ストゥルルソン著『散文のエッダ』写本の表紙。主神オーディン、ヘイムダル神、8本脚の神馬スレイプニルなど北欧神話に登場する人物や動物が描かれている。

ジャハンナム——イスラム教の地獄
燃えさかる火獄

イスラム教では、死者の魂は死の天使イズラーイールによって「バルザフ」に連れていかれる。バルザフとは中間的な場所で、ここで裁きの日を待つのだ。いわば死と復活のはざまであり、コーランに記述はごくわずかしかないものの、後代の教典では善行の大切さが強調されている。敬虔な信者は安らかな死を迎えて安楽な旅ができる。不信心者の魂は肉体から引きちぎられ、天使ムンカルとナキールによる尋問で失格となったら、火獄入りまで責め苦を受け、火獄に行ったらさらに厳しい刑罰が始まる。「だが秤(はかり)の(善行が)軽い者は、底なしの穴に住むことになるだろう。それが何であるかを理解させるのは何か。炎々と燃えさかる火だ」(コーラン101章8〜11節)。

怪物のような火

もうひとつの行き先は「ジャンナ」の楽園だ。たんに「庭」と称されることもあるが、死者がここに入るには「アッスィラート」という危険な橋を渡らねばならない。善行を積んだ信心者は瞬時に渡

下：守銭奴の火獄とおべっか使いの地獄。1465年頃の写本から。

上：預言者ムハンマドが夜の旅で訪れた地獄の様子。『イスラ・ミラージュ（昇天の書）』の写本（1436年）より。

ってしまえるが、罪を犯した者が渡ろうとすると、橋は髪の毛ほどの細さになり、しかも剃刀のように鋭くなる。足を踏みはずせば、下では業火が燃えさかっている。

コーランでは地獄は「ジャハンナム」もしくは「ゲヘナ」と呼ばれ、後者はヘブライ語で「ヒンノムの谷」を意味するゲー・ヒンノームに由来する。ヒンノムの谷はエルサレムの南にあり、ヘブライ語聖書によると、ユダ族歴代の王がここで火を焚き、幼児をいけにえに捧げていたという（76ページ参照）。ジャハンナムの火は地上の火より70倍熱いとされ、罪ぶかい者が永遠に燃えているので火が絶えることがない。これに関しては、コーランに次のような記述がある。

「（略）人間と石を燃料とする業火を恐れなさい。それは信仰を退ける者のために用意されている」（2章24節）

「お前たちも、そしてお前たちが信じるアッラー以外のものも、地獄の燃料である（略）」（21章98節）

「道を誤る者は地獄の薪となるだろう」（72章15節）

「火」はジャハンナムの代名詞だ。イスラム法学者アル＝ガザーリー（1058年頃～1111年）は最後の審判の日の火獄の様子を劇的に記しており、とりわけ火の描写が秀逸だ。ここではジャハンナムは世界を終わらせる大きさの怪物であり、「歯を鳴らし、怒号を響かせ、うめきながら」人間の群れに踏みこんでいく。怪物が近づくにつれて、アブラハムが、モーゼが、イエスが恐れおののき、ひざまずいて神の玉座にしがみつく。しかし預言者ムハンマドだけが怪物を制し、人間が入る用意ができるまで出てくるなと命じる。

グラナダの裁判官カーディー・イヤード(1083〜1149年)も、終末論的な著作『楽園と火獄の手引き』で火を怪物で表現している。それによると、怪物は脚1本が「1000年」の大きさで、30の頭がついている。頭ひとつに3万の口があり、口ひとつに歯が3万本生え、1本の歯が山ほどもあるという。唇には7万個の輪をつなげた鉄鎖が通り、1個の輪に「無数の天使」が乗っている。

アル=ガザーリーの著書にも怪物と化した地獄が登場する。神に呼びだされた火は、「4本足で歩いてくる。7万本の手綱に引かれているが、手綱1本に7万個の輪が下がり、世界中の鉄を集めてもこの輪1個にもおよばない。ひとつの輪に地獄の門番7万人が乗っており、命じられればひとりで山を平らにならしたり、大地を粉々に破壊することもできる」。火が発する音は巨大なロバのいななきのようだという。

火獄での仕打ち

火獄は生きた怪物としても描かれるが、地理的な特徴を克明に描写した記述もある。平らな地球の下に広がるいくつもの領域が同心円状に配置された、冥界の火口のような形状だ。コーラン15章43〜44節には、火獄はまさしく彼らに約束された場所で、そこには7つの門があり、それぞれ入るべき罪人の階級が決まっていると書かれている。

前出のカーディー・イヤードの著作には、この7つの門の名称と、その先の火獄の説明もある。いちばん下にあるのがハーウィア(奈落)で、偽善者と真実を曲げた者が入る。次がジャヒーム(業火)で多神教徒の地獄だ。3番目はサカル(烈火)で、コーランの中の3カ所で言及されているサービア教徒(啓典の民の一種)が行く地獄。ゾロアスター教徒と悪魔信者は4番目のラザー(火炎)に送られる。ユダヤ教徒が落ちる地獄は5番目のフタマで、キリスト教徒の行き先は6番目のサイール(火)だ。そして7番目の門は、重罪を犯したイスラム教徒の地獄ジャハンナムへと通じている。

火獄への入場を待つ者は、有徳者が天国へ入っていく様子をまざまざと見せつけられる苦しみも与えられる。というのも火獄と天国の正門は天の最下層で隣り合っているのだ。それぞれの門前からは長い列が伸び、壁で隔てられている。コーラン7章「胸壁」の44〜51節には、このむごい仕打ちが次のように書かれている。「天国の人びとは火獄の人びとに呼びかける。『神様の約束が真実だとわかった。お前たちは神様の約束が真実だとわかった

上:火獄での刑罰。16世紀後半の『アフワル・アル・キヤマー(復活の状態)』より。

か』。彼らは『わかった』と答える。そのとき両者のあいだから『アッラーの呪詛(じゅそ)はこの極悪人達のうえにふりかかる』と告げられる」。そして火獄行きの者たちは、アッラーが正しい者に与えた水を自分にも分けてほしいと頼むが、拒否されるのだ。

コーランと並んでイスラム教徒の重要な聖典が、預言者ムハンマドの言行に関する言行録『ハディース』だ。その両方で、「火獄」は地理も自然も天国の対極にあり、あらゆる特徴が正反対だ。天国ならではの喜びを際だたせるために、地獄は想像の限りを尽くした刑罰の数々が罪人を待ちうける。あらゆる責め苦の中で、いちばんこたえるのは神から遠いことだ。不信心者や不心得者は、アッラーの指導と警告をおろそかにしたせいで、神の怒りを買ってしまったと悟り、悲嘆に暮れるのだ。

とはいえ、身体的な苦痛のほうも、神の愛を失うことに負けず劣らず強烈だ。たとえば収穫物をいたずらにためこむと、それと同じ重さの大袋を背負わされる。施しを惜しんだ者は、ザビバタンというはげ頭の怪物に捕まり、器用に動く尻尾で首を絞められる。性器が腫れあがって膿(うみ)がにじみだし、周囲の者がその悪臭で嘔吐するという罰もある。カーディー・イヤードは、ロバほどの大きさのヘビとサソリに追いかけられる刑罰を何度も描写している。

地獄にそびえる木

ジャハンナムの自然の特徴として興味ぶかいのが、コーランでザックームと呼ばれる巨木だ(56章52節「ザックームの木の実を喰らい」)。地獄の底から生えていて、悪魔の頭の形をした実がなる。これも天国との対比だ。天国では、黄金と銀が流れる川のあいだにトゥーバという木が生えている(かつて探検家があこがれた「ワクワク」という島には、人間の頭が実る木があって、日の出と日没に叫び声をあげるという伝説があり、明らかにそれと関連している*1)。コーラン44章43〜46節にはこう書かれている。「見よ、このザックームの木は罪びとの食べ物。溶かした銅のように腹の中で煮えくりかえり、熱湯のように煮えたつ」

コーラン37章62〜68節にもザックームは登場する。「歓待がいいか、それともザックームの木がいいか。ザックームは不心得者を責めるために我らがしつらえたものだからだ。これは火獄の底に生える木で、その実は悪魔の頭のようだ。彼らはそれを食べ

*1　この伝説を含む歴史的な地図の不思議については拙著『世界をまどわせた地図』(日経ナショナル ジオグラフィック刊)に詳しい。

て腹が一杯。さらに煮えたぎる汁を飲まされて、それから火獄に帰りつく」

預言者ムハマンドが見た地獄

ムハンマド本人が、短時間ながら地獄を見た証言も残っている。それはスィーラ（イスラム教の伝統的なムハンマド伝）のひとつに「夜の旅」として触れられている。621年頃、ムハンマドは翼のある白馬のような生き物ブラークにまたがってメッカからエルサレムまで一夜で移動し、さらに最下層の天から第七天までのぼる。イブン・イスハークの『預言者伝』によると、ムハンマドは天使ジブリールの案内で最も低い天国に行く。そこは地獄の門と隣り合っていた。ただひとり笑顔で出むかえた天使が、火獄の管理人マーリクであ

左：人間の形をした果実がなる伝説のワクワクの木。『西インド諸島の歴史』（1729年）より。

上：死後世界を旅していた預言者ムハンマドの求めに応じて、天使マーリクが火獄への扉を開ける。

る。ムハンマドの頼みで、ジブリールはマーリクに火獄を見せるよう申しつけた。マーリクはうなずいて覆いをはずすと、「炎が空たかく燃えさかり、あらゆるものを焼きつくす勢いだった」

ムハンマドは罪人たちの責め苦も目撃する。孤児の財産を盗んだ者たちは、唇がラクダそっくりにぶあつくなり、そこから火を詰めこまれて、尻から炎を噴きだしている。私生児を産んだ女たちは、乳房を縛りあげられ、宙に吊るされている。許されない相手に言いより、不義を働いた男たちは、新鮮な肉が目の前にあるのに、腐って悪臭を放つ肉しか食べることができない。見るべきものをすべて見たムハンマドは、急いで地獄を封印するようジブリールに求め、マーリクもそれに応じた。

次見開き：夜の旅でムハンマドを乗せた羽のある生き物ブラークを、さまざまな動物の寄せあつめで構成した1770年頃の絵画（乗り手のムハンマドはここには描かれていない）。

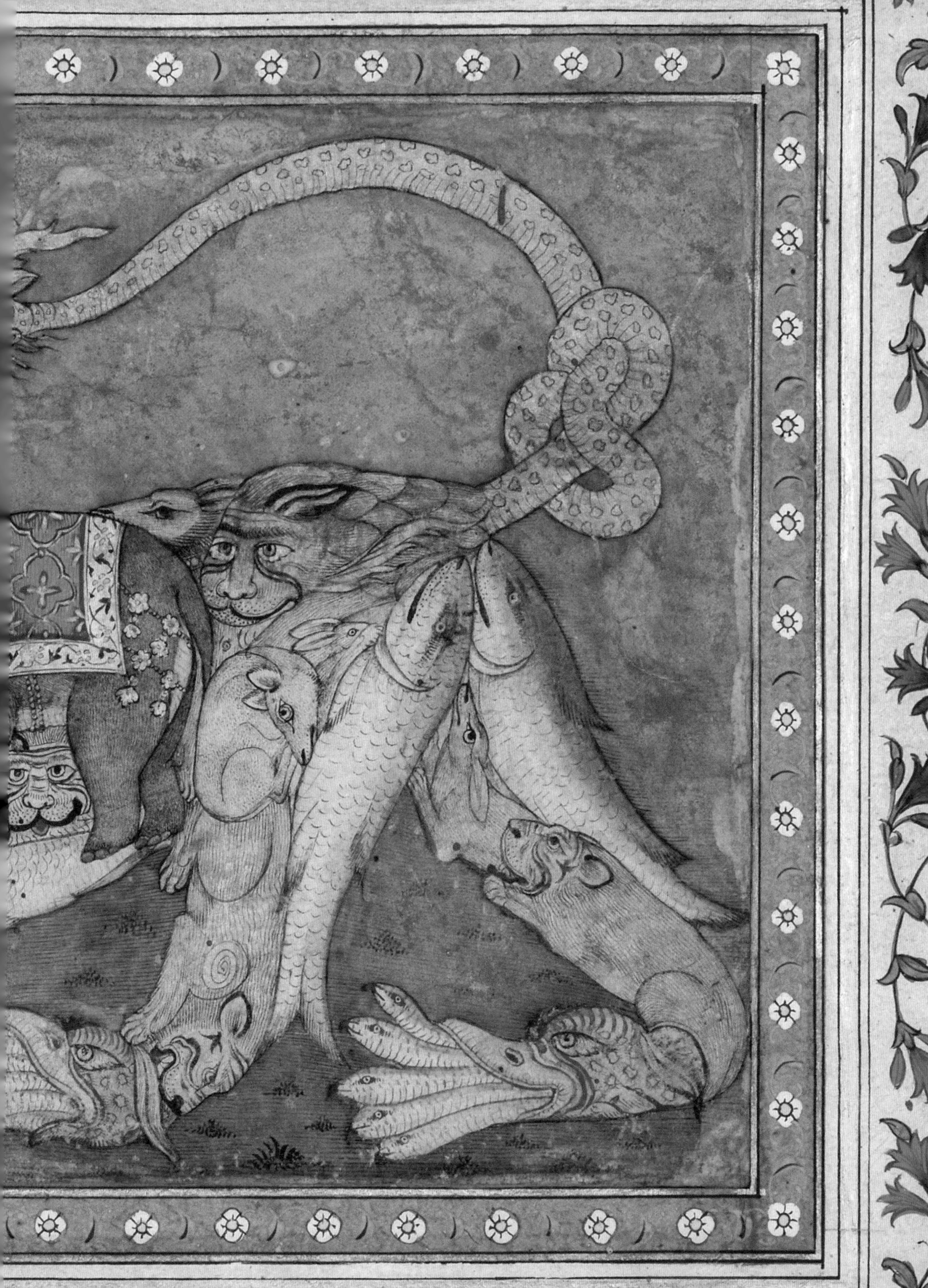

メソアメリカの地下世界

コロンブス以前の中米と南米の冥界

左:7世紀にアハウ(パレンケ王)だったキニチ・ハナーブ・パカル1世の石棺の蓋。死後世界がレリーフで美しく表現されている。パカル1世が天界と冥界のあいだに挟まれ、冥界の大きな口に飲みこまれようとしている。その上では、そびえる「世界樹」の頂上に、ムアンという鳥がとまっている。メキシコ、パレンケ遺跡にある碑文の神殿から出土。

マヤ文明とは、先コロンブス期(スペイン人が来る前の時代)に、現在のメキシコ南東部、グアテマラ、ベリーズで繁栄した文明の総称だが、当時の人びとがマヤと名乗っていたわけではなく、自分たちが同じひとつの文明に属するとも思っていなかった。最初の農業集落は紀元前2000年頃には出現しており、先古典期(紀元前2000年頃〜紀元後250年頃)に複雑な社会へと発達した。紀元前

750年頃には各地に都市ができて、紀元前500年頃にはマヤ文明を象徴する巨大建築と漆喰の外観が出現した。

試練にみちたマヤの冥界の旅

美術、建築、数学、暦が高度に発達し、先コロンブス期で最も優れた書記体系を完成させたマヤ文明は、複雑で美しい宇宙モデルもつくりあげた。世界は平たい正方形で、スイレンの池にすむ巨大なワニの背中に乗っている。太陽はこれまで消滅を4回、創造を5回繰りかえしてきたという。世界の上には13階層の天界が広がり、ムアンと呼ばれるフクロウの聖鳥が君臨する。

世界の下には9階層の冥界がある。メキシコにあるパレンケの碑文の神殿、グアテマラにあるティカルの1号神殿、メキシコのチチェン・イツァにあるククルカンのピラミッドなど、巨大な石造建築が9層構造なのはそのためだ。多神教のマヤ文明では少なくとも166の神々が確認されており、天界と冥界の各階層をにぎやかせている。なかでも創造神フナブ・クー、子をなす神シュムカネ、青緑の皿の創造神シュピヤコク、翼の生えたヘビの神ククルカンは創造神話で重要な役割を果たしている。

だが最も恐れられているのは、地下世界シバルバーの王たちだ。シバルバーとは、グアテマラ高地に住むキチェ族の言葉で、逐語訳すれば「恐怖の場所」を意味し、12人の死神の宮廷を中心とした地下世界である。その様子は口頭伝承から1550年頃に書きおこされた『ポポル・ヴフ(民衆の書)』にくわしい。

シバルバーの死神たちは現世に突然現れては病気と絶望を広める。その代表格はフン・カメー(一の死)とブクブ・カメー(七の死)だ。ただし、メキシコの熱帯雨林に住むラカンドン族の言い伝えでは、骸骨の姿をしたキシンが死神の首領であり、ほかの格下の死神は2人1組でさまざまな災厄をもたらすという。シキリパット(飛ぶかさぶた)とクチュマキック(血集め)は人間の血を病で汚す。アハルプー(膿の悪魔)とアハルガナー(黄疸の悪魔)は身体をむくませる。チャミアバック(骨の杖)とチャミアホロム(頭蓋骨の杖)は死体を骨にする。シック(翼)とパタン(荷づくり紐)は通行人を吐血させ、死に至らしめる。そしてアハルメス(掃く悪魔)とアハルトコブ(刺す悪魔)は家の暗がりに隠れていて、家事をためている者を刺しころすのだ。

シバルバーは広大で、凶悪な猛獣も徘徊している。逃げることは不可能だ。『ポポル・ヴフ』によると、シバルバーは欺瞞と策略の巨大都市で、そこに着く前から訪れる者には多くの罠が待ちかまえている。まずサソリの川、次にねばつく血の川、それから膿汁

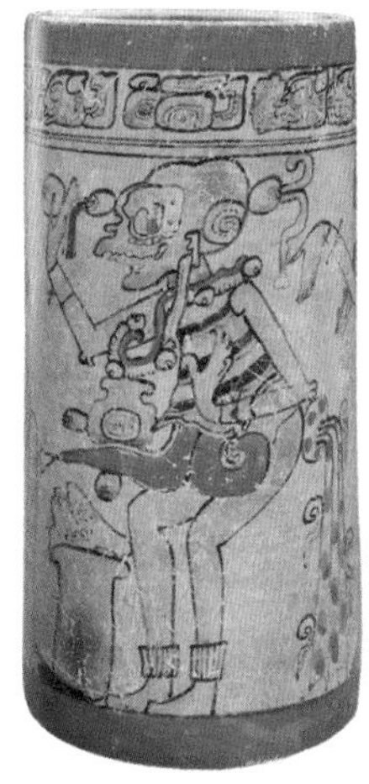

上:冥界の3人の神が描かれたマヤ文明の土器(600〜900年作)。

上：ミクトランパ（アステカ文明の冥界であるミクトランと結びついた北方の領域）を描いたボルジア絵文書の52ページ。ボルジア絵文書は、スペインによるメキシコ征服前につくられたとされ、メソアメリカの祭式や占いを記した写本。

下：マヤ文明の円筒杯。頭は眼球が突きでた頭蓋骨で、腹は死体のようにふくれた死神が描かれている。描いたのは考古学者がメトロポリタン・マスターと呼ぶ絵師で、現存するマヤの神図像として最も優れた作品のひとつ。

が浸みだす川を渡らなくてはならない。四つ辻ではそれぞれの道がでたらめをしゃべる。ようやく着いたシバルバーの会議場では、着席している神々に拝謁するのが決まりだが、ここでも混乱して恥をかかされる。神々の周囲に本物そっくりの人形が座っており、誰にあいさつしていいかわからないのだ。椅子を勧められ、気まずい空気を打開できると思いきや、椅子の正体は熱く焼けた鉄板だとわかる。

神々がさんざん訪問者をからかって満足したところで、試練が始まる。試練は少なくとも6つの館で受けることになる。「暗闇の館」は漆黒の闇で、「歯が鳴る館」もしくは「寒さの館」は気温が氷点下で壁から雹（ひょう）が飛んでくる。3番目は炎で満たされ、耐えがたい熱さの館だ。「ジャガーの館」は飢えたジャガーが動きまわっている。甲高い声をあげてコウモリが襲ってくる館もある。最後が「刃の館」で、意志をもつナイフが飛びかっている。生前の美点や美徳を裁くという考え方はマヤ文明にはなかった。よほどむごい最期を迎えていれば別だが、そうでなければ全員がシバルバー送りとなり、試練を受けることになる。墓に副葬品として、武器、道具、貴石、非常食のココアといったサバイバルキットが入れられ、慰めになる愛犬の実物や陶像が入っていたのはそのためだろう。

インカの「パチャ」

13世紀初頭にペルーの山岳地帯で誕生し、1572年に最後の皇帝がスペイン人に殺されるまで続いたインカ文明の場合、宇宙は比較的単純な構造だった。文字がなく、神話は口頭伝承だったにもかかわらず、彼らの「パチャ」という概念は細部まで受け継がれている（パチャは通常「世界」と訳されている）。パチャの概念では

宇宙は3つに分割している。南米で使われるケチュア語では、ハナンパチャは上の世界、ケイパチャは現世、ウクパチャは下の世界を意味し、どの場所にも具体的な地形があり、同じ時間が流れている。このように、宇宙は相反するものの存在により調和しているという概念は、インカ文明に見られるヤナンティン（二元論）を特徴づけている。アンデス山脈の住民はいまも、すべてのことは反対の要素で釣りあっているという意味で、ヤナンティンという言葉を使う。

その後のスペイン侵略とカトリックの伝道活動で、ハナンパチャはキリスト教の天国の概念と統合され、ウクパチャ（ケチュア語ではウリンパチャ、アイマラ語ではマンカパチャまたはマンキパチャ）はキリスト教の地獄と結びついた。ウクパチャはスーパイという死の神（その後キリスト教の悪魔といっしょになる）が支配し、同じくスーパイと呼ばれる手下の悪鬼たちが何かにつけて現れては生者をいたぶる。死んだあとウクパチャに落ちないための行動規範は単純明快で、アマ・スア、アマ・ユヤ、アマ・ケヤの3つだけ。すなわち盗むな、嘘をつくな、怠けるなである。死者は家族によってミイラにされることも多く、めずらしいのは来世への旅のために、直立して座った姿勢になっている点だ。旅の途中で直面する試練に備えて、墓には水さしなどの副葬品も入れる。心臓が食べられてしまった、あるいは

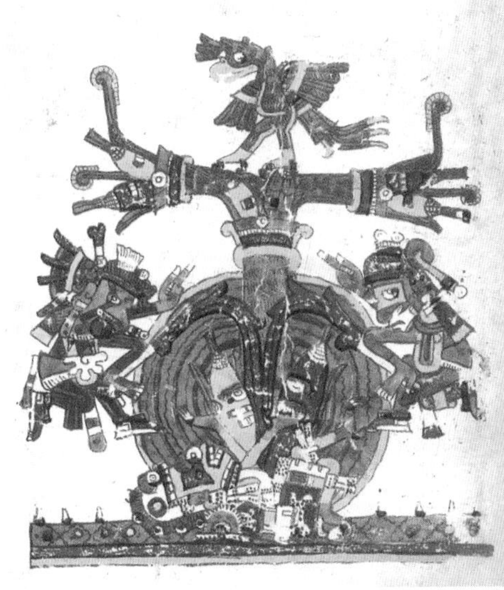

上・左：ボルジア絵文書の53ページ。死後世界のアステカの神々を描いている。左の絵のショチピリは芸術と肉欲の神で、男娼の守り神でもある。

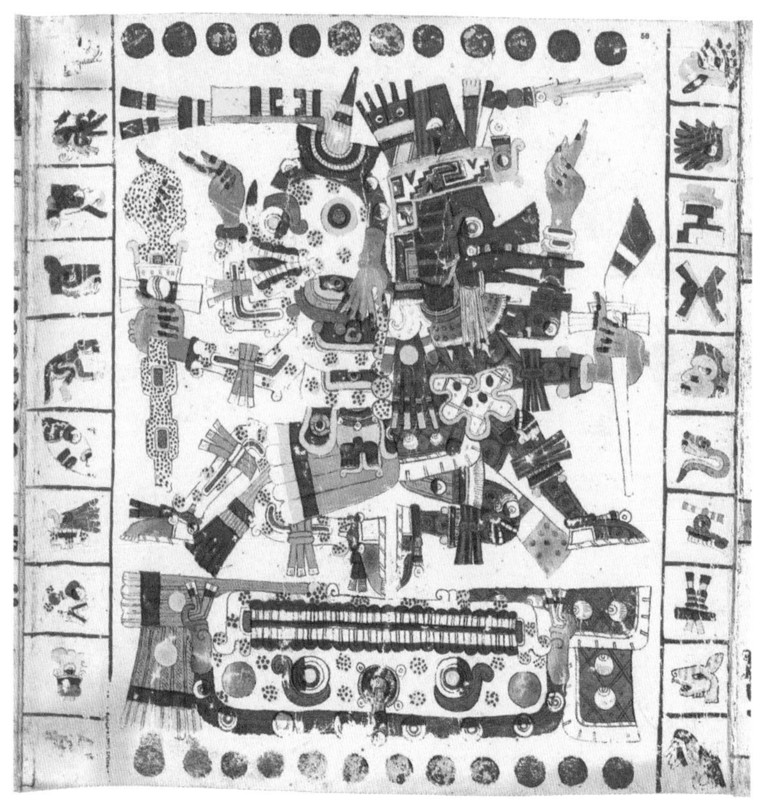

左：背中合わせの2神のうち、左は死神で冥界の主であるミクトランテクトリ。右は知恵神であり西方の主、生命の象徴であるケツァルコアトル。

下：アステカの死神ミクトランテクトリの陶像。死者は冥界に向かう途中、風となって吹きつける無数の刃に身を削られ、骨だけになる。

激しく損壊した死体の場合は、耐久性があって美しい貴石の心臓を本来の場所に納める。

人類創世に不可欠なアステカの冥界

先コロンブス期のメソアメリカでは、文化はちがっても死後世界の特徴は共通している。死神スーパイ、およびキチェ族の一の死と七の死、ラカンドン族の死神キシンは、アステカ文明ではミクトランテクトリになる。14世紀に巨大な都を建設し、1521年に滅ぼされるまで現在のメキシコ中央部で栄えたアステカ文明では、冥界は「ミクトラン」と呼ばれ、その王がミクトランテクトリだった。ミクトランは9階層で構成され、アステカ創造神話の舞台にもなっている。

5回目の太陽の時代、羽毛の生えた蛇神ケツァルコアトル（マヤではククルカン）は、新しい人間を創造するため、材料となる古い人間の骨を取りもどそうと冥界に旅する。冥界では、フクロウとクモが飛びかう玉座で、ミクトランテクトリが人間の頭蓋骨から膿汁を飲んでいた。王は骨を集める条件として、法螺貝を高らかに吹きならしながらミクトランを4周するよう命じる。だが法螺貝には穴が開いておらず、音を出せない状態だった。そこでケツァルコアトルは虫たちに貝殻をかじらせ、中にハチをたくさん入れ、4周した。法螺貝から音がしたので、王はしかたなく骨の収集を許す。しかし冥界からの帰途、ケツァルコアトルは落とし穴にはまり、持っていた骨の一部が砕けてしまった。だから人間は背丈がまちまちなのだとアステカ人は言いつたえている。

アステカ人のほとんどは死んだあとミクトランに入るが、わずかながら例外もある。勇敢な死を遂げた戦士や、神々へのいけにえになった人は東方に移動し、朝日とともに天にのぼる。出産で死んだ女性は西方で夕日とともに沈む。嵐や洪水など、雨神トラロックが関わった災害で生命を落とした人は、トラロカンという楽園に入ることができる(180ページ参照)。

なかでも不思議な場所が「チチワルクアウィトル(乳房の木の国)」だろう。この国にそびえるチチフアクアウコの木には乳房がたわわに実り、乳をしたたらせている。16世紀のドミニコ修道会宣教師ペドロ・デ・ロス・リオスは、「ここは死者の魂が通過する3番目の場所で、ものごころつく前に死んだ子どもしか行くことはできない」と記している。メキシコの人類学者ミゲル・レオン=ポルティーヤは、同じ16世紀のフィレンツェ絵文書の内容をもとに、この乳母の木はとりわけ重要な意味をもち、メソアメリカのすべての文化の発祥地タモアンチャンに生えていると示唆した。

上:ペルー北部で100〜800年頃に繁栄したモチェ文明の祭礼用の水差し。精力旺盛な冥界の住人は性器が極端に強調された姿で描かれ、自慰を行い、精液で大地を肥やす能力が表現されている。

右:モチェ文明で2〜5世紀につくられた「供犠の瓶」。台の上に立つモチェ神は牙が生え、研究者のあいだで「しわ顔」と呼ばれ、左手にトゥミ(儀礼用ナイフ)、右手に切断した首を持つ。

Biblical Hell

聖書の地獄

キリスト教に見る地獄と悪魔の歴史

シェオルとゲヘナ

死後世界の探究でとくに興味を覚える言葉が2つある。ヘブライ語の「シェオル」と「ゲヘナ」だ。その言葉が出てくるのは、イスラエル民族に古くから伝わり、旧約聖書の基礎となった24の書「ヘブライ語聖書(タナハ)」だ。キリスト教徒およびユダヤ教徒の大多数は、ヘブライ語聖書を神の言葉と信じている。

暗く深い静寂の世界「シェオル」

シェオルはヘブライ語聖書の中で60回以上登場する。ユダヤ民族も周辺のメソポタミアの人々と同様、冥界は死者が全員集合する墓場だと考えていた。シェオルもメソポタミアの冥府クル(24ページ参照)のように、ほこりの積もった暗黒の場所だ。ただし、研究者は今日言われる「地獄」とは似ても似つかないと口をそろえる。ユダヤ教学者だった故アラン・シーガルは、自著『死後の人生』(2004年、未邦訳)でこう書いている。「『ヘブライ語聖書』には、地獄や天国といった概念は認められない。罪人が審判や刑罰を受けたり、有徳者が幸福になれるといったこともない」

右ページ:ピーテル・パウル・ルーベンス作「呪われし者の落下」(1620年頃)。堕天使たちが、大天使ミカエルによって神の愛の届かない奈落(ならく)に投げおとされる。

下:ヒエロニムス・ボスの弟子作「キリストの冥界への降下」(1550年頃~1560年頃)。有徳者の魂を救わんとキリストが地獄の門を次々と破る。

シェオルはよくギリシャ神話の冥界ハデスと比較される。どちらも暗鬱（あんうつ）とした無の世界だが、シェオルは実際には埋葬する場所、すなわち「墓所」や「墓穴」と同義だったと思われる。やがて古代イスラエルの第二神殿時代（紀元前500年頃〜紀元後70年）に、シェオルには「アブラハムの懐（ふところ）」という場所があるという考えが生まれる。そこは正しき者だけが入れる救済の場で、シェオル行きの運命から逃れることも可能だ。旧約聖書の「詩篇」86篇12〜13節にはこう書かれている。「主よ、わたしの神よ、心を尽くしてあなたに感謝をささげ、とこしえに御名を尊びます。あなたの慈しみはわたしを超えて大きく、深い陰府（よみ）（冥府）から、わたしの魂を救い出してくださいます」。「詩篇」30篇2〜3節にもこんな文章がある。「主よ、あなたをあがめます。あなたは敵を喜ばせることなく、わたしを引き上げてくださいました。わたしの神、主よ、叫び求めるわたしを、あなたは癒してくださいました」

地理的には、シェオルは地上から「深い」どこかにあり（旧約聖書「イザヤ書」7章11節）、天から可能なかぎり離れたところにある（旧約聖書「ヨブ記」11章8節）。大地が「口を開いて」、生きたままシェオルに落とされることもある（旧約聖書「民数記」16章30節）。シェオルには門があり（「ヨブ記」17章16節、欽定訳版など）、そこは穴の底だ（「イザヤ書」14章15節）。そこでの死者は冥府に隠されたおぼろな存在である（「ヨブ記」14章13節）。忘却のかなたの静寂の世界でもある（「詩篇」88篇13節）。

上：地獄の見取り図。ヘロニモ・ナダル著『福音書画伝』（1596年版）より。

業火が燃えさかる「ゲヘナ」

ゲヘナ（ゲヒンノムとも）のほうは、エルサレムの南にある「ヒンノムの息子の谷」という実際の場所に基づいていると考えられている。古代のカナン人はここを「トフェス」と呼び、崇拝するモレク神とバアル神に子どもを生きたまま焼いて捧げ、断末魔をかき消すために太鼓を打ちならしていた。旧約聖書の「列王記下」23章10節にはこう記されている。「王（ユダの王ヨシヤ）はベン・ヒノムの谷にあるトフェト（トフェスのこと）を汚し、だれもモレクのために自分の息子、娘に火の中を通らせることのないようにした」

呪われた場所と見なされたゲヘナは、すぐに地獄を象徴するようになり、さらに英語に翻訳される段階で、「地獄（hell）」という単語が当てはめられた。ゲヘナを業火が燃えさかる審判の場に位置づけたのは、中世に活躍したプロヴァンスの聖書学者ダヴィド・キムヒ（1160〜1235年）が「詩篇」27篇につけた注釈が最初だ。この汚れた谷には動物や犯罪人の死骸が放りこまれ、塵芥を燃やす

上：ヴァチカン宮殿のシスティーナ礼拝堂の天井にミケランジェロが描いたフレスコ画「最後の審判」(1536〜1541年制作)。最後の審判を下すキリストが画面中央に描かれている。

火が絶えなかったとキムヒは記している(ただし、このゴミ焼却場説を裏づける考古学的な証拠や記録はない)。

ラビ・ユダヤ教の文献では、ゲヘナは邪悪な者の行き先とされているが、過去の破戒を認めれば脱出できる浄罪の要素もある。ゲヘナは海底を経由してようやく到達できる巨大な深淵で、地上とつながる小さな穴から火が噴きだして地面を熱しているという。いくつかの文書では、この穴がヒンノムの谷にあり、2本のヤシの木のあいだに3〜7の門が立っているとある。広さがエデンの60倍だという文書や(ちなみに同じ文書ではエデンは世界の60倍だ)、新規の収容者を受けいれるためにつねに広がっているという文献もある。ゲヘナでのユダヤ人の最長刑期は11カ月(生まれついての悪人は12カ月)ともある。つまりシェオルやハデスとはまったく異なる場所なのだ。もっとも欽定訳聖書では、どれもアングロサクソン系の「地獄(hell)」に置きかえられているので、これらの単語を見つけるのは難しい。

イエスの時代にはなかった「地獄」

ヘブライ語聖書(あるいは旧約聖書)のどこを見ても、キリスト教の伝統的な死生観は出てこない。古代ユダヤ人は死ねばそこで終わりだったのだ。けれども旧約聖書の時代が終わりに近づき、歴史上の人物としてイエスが登場するころには、ユダヤ人の中にも最後の審判や復活といった概念が形成されていた(善と悪を分類したゾロアスター教の二元論の影響と思われるが、新約聖書研究者のバート・D・アーマンは2020年の著書『天国と地獄』で、誰が誰に影響を与えたか完全にわかっているわけではないと釘を刺している)。

人間の歴史がついに終わりを迎えるとき、神は正しき者と罪ぶかき者の両方の肉体にふたたび生命を吹きこむ。正しき者は神が地上につくった理想の国で末永く幸福に暮らすが、罪ぶかき者はおのれの所業を突きつけられ、永遠に消しさられる。実在したイエスと最初期の信奉者が想像していたのは、おそらくこんなところだ。死ぬと同時に魂が天国か地獄に行くとは思っていなかっただろう。つまり、地上の「神の国」がイエスの教えの中心なのだ。最も古い福音書の冒頭部分には、記録に残るイエスの最初の言葉がこう伝わっている。「時は満ち、神の国は近づいた。悔い改めて福音を信じなさい」(「マルコによる福音書」1章15節)。

使徒たちはイエスの死後も彼の教えを広めていったが、予言された終末が来なかったので、イエスの言葉を解釈しなおした。終末は世界全体の終わりではなく、個人が死後に永遠へと導かれることにしたのだ。イエスは地上に神の国が出現して、悪人は全滅すると説いたが、そうではなく、罰と報酬の概念それぞれに独立した場所がつくられた。さらに何世紀もの時を経るうちに、地獄は社会通念にも組みこまれたのである。

「地獄(hell)」という単語はギリシャ語版新約聖書には出てこない。代わりに使われているのは、ギリシャ語の「タルタロス」または「ハデス」、ヘブライ語の「ゲヒンノム」である。新約聖書では、これらはどういう場所なのだろう？「マタイによる福音書」5章22節は、罰として「火の地獄に投げこまれ」、「永遠の火」は何としても避け

上:18世紀に描かれたモレク像。足元で火が燃えさかり、胴体部分に、いけにえの子どもを入れる小部屋が7つある。ヨハン・ルンド『古代ユダヤの聖所』(1738年版)より。

ねばならないと警告する。「もし片方の目があなたをつまずかせるなら、えぐり出して捨ててしまいなさい。両方の目がそろったまま火の地獄に投げ込まれるよりは、一つの目になっても命にあずかる方がよい」(「マタイによる福音書」18章9節)。「マタイによる福音書」22章13節にはこんな言葉もある。「王は側近の者たちに言った。『この男の手足を縛って、外の暗闇にほうり出せ。そこで泣きわめいて歯ぎしりするだろう』」。さらに「ユダの手紙」1章13節にはこう書かれている。「わが身の恥を泡に吹き出す海の荒波、永遠に暗闇が待ちもうける迷い星です」

「ヨハネの黙示録」が描く地獄

地獄の最も鮮明な描写があるのは、新約聖書唯一の預言書である「ヨハネの黙示録」だろう。ローマ帝国の統治下にあったギリシャのパトモス島で、キリスト教を弾圧したドミティアヌス帝(在位81〜96年)の時代に成立し、筆者の「ヨハネ」は、現代の研究ではパトモスのヨハネとされている*[1]。巨大な獣が数多く登場し、善と悪が壮絶な宇宙戦争を繰りひろげる異色の書である。7つの頭と10本の角、7つのとさかをもつ巨大な竜が、天にまたたく星の3分の1を尾で掃きよせて地上に落とす(「ヨハネの黙示録」12章3〜4節)。「わたしはまた、一匹の獣が海の中から上って来るのを見た。これには十本の角と七つの頭があった。それらの角には十の王冠があり、頭には神を冒瀆するさまざまの名が記されていた」(「ヨハネの黙示録」13章1節)。これに続いて陸の巨大怪獣も姿を現す(海の怪獣は都に7つの丘があるローマ帝国を、陸の怪獣は帝国が信奉する異教を象徴するとされる)。

この黙示録の20章では、こんなふうに地獄の深淵にも触れている。「わたしはまた、一人の天使が、底なしの淵の鍵と大きな鎖とを手にして、天から降って来るのを見た。この天使は、悪魔でもサタンでもある、年を経たあの蛇、つまり竜を取り押さえ、千年の間縛っておき、底なしの淵に投げ入れ、鍵をかけ、その上に封印を施して、千年が終わるまで、もうそれ以上、諸国の民を惑わさないようにした。その後で、竜はしばらくの間、解放されるはずである」(「ヨハネの黙示録」20章1〜3節)。

これに続いて、「そして彼らを惑わした悪魔は、火と硫黄の池に投げ込まれた。そこにはあの獣と偽預言者がいる。そして、この者

*1　この黙示録はヨハネという人物が書いたのに、なぜかヨハネ書とは呼ばれない。一方、第四福音書は作者不明で「イエスが愛した弟子」としかわかっていないが、「ヨハネによる福音書」と呼ばれている。

左と右ページ：「ヨハネの黙示録」より、左は赤い大きな竜と太陽をまとった女。右は赤い大きな竜と海から上がってきた獣。この絵の作者ウィリアム・ブレイクは1805〜1810年にかけて、依頼を受けて聖書のさまざまな場面を100点以上描いた。

どもは昼も夜も世々限りなく責めさいなまれる」（「ヨハネの黙示録」20章10節）とある。「命の書」（神の国の民の名前を記した書物）に名前が書かれていない者や、「死」と「ハデス」も火の池に投げこまれた。こうして死とハデスを追放したのち、神の国が地上に降りてくる。

わたしはまた、新しい天と新しい地を見た。最初の天と最初の地は去って行き、もはや海もなくなった。更にわたしは、聖なる都、新しいエルサレムが、夫のために着飾った花嫁のように用意を整えて、神のもとを離れ、天から下って来るのを見た。そのとき、わたしは玉座から語りかける大きな声を聞いた。「見よ、神の幕屋が人の間にあって、神が人と共に住み、人は神の民となる。神は自ら人と共にいて、その神となり、（略）

（「ヨハネの黙示録」21章1〜3節より）

黙示録の作者もイエスと同様に、邪悪な者は根絶され、二度と生きかえらないと信じていた。だが、罪人が永遠に焼かれる地獄の深淵は、黙示録の火の池のほかにもたくさんある。

次見開き：写本『シロスの黙示録』（1100年頃）に描かれた「ヨハネの黙示録」の天の戦い。太陽をまとって月を足の下にした女（左上）や、7つの頭をもつ竜の攻撃などが描かれている。

地獄の幻視と地獄めぐり

形成途中にあったキリスト教の地獄観の詳細は、「外典」に見ることができる。外典とは、初期キリスト教徒が書いたものだが、出所が疑わしいなどの理由で正典から外された文書のことだ。キリスト教成立から最初の数世紀のあいだに書かれた外典には、最後の審判の惨事と、その後の死後世界の様子が克明に描かれており、筆者は著名な使徒や聖人、あるいは聖書に登場する重要人物ということになっている。たとえば4世紀の「パウロの黙示録」は、使徒パウロ自身が書いた原本が本人の靴といっしょに大理石の箱に入っていたのを、筆者自身が発見したと序文で説明している。

外典が描く地獄

大理石の靴箱はともかく、この「発見」を388年と明言したことで話が怪しくなった。これより150年以上前に書かれたものにパウロの名があることから、中世の研究者は大いに混乱した。「パウロ」はその黙示録の中で、地獄では炎が噴きあがる川が何本も流れ、悪臭に満ちた北側の深淵に異端者が落ち、すさまじい雪で氷点下になった空気中に歯を打ちならす音が響きわたるなどと描写している。流れる血はおびただしく、虫（最悪は北側の深淵にいる「眠らない虫」だ）や動物もいれば、拷問具を持つ天使もいる。天使たちを率いるタルタルクス（地獄のタルタルスの番人）は苦痛の天使であり、拷問の主任格であり、最後の審判の監督である。死者にはそれぞれ天使がついていて、生前の罪の記録を持っているが、対象となるのは直近5年間の不品行だ。

2世紀半ばに書かれた「ペテロの黙示録」はさらに恐怖がむきだしだ。当時迫害されていた宗派の信者は、自分たちを抑圧する者が死後に受ける復讐を思って、この黙示録を強く支持したにちがいない。キリストは聖ペテロに楽園の王国を見せたあと、暗黒の世界も案内する。そこでは犯罪者が黒衣の天使に痛めつけられ、神を汚す者は舌で吊るされて火にあぶられ、ほかの者は火の池でおぼれている。女の姦通者は沸騰する汚物の上で髪で吊るされ、男の姦通者は足を縛られ、汚物に頭を浸した状態でぶらさがっている。殺人者には飢えた無数の虫が食らいつき、さらに邪悪な生き物がいたぶる。被害者の魂はその様子を眺めて慰められ、神の正義を称えるのだ。高利貸しは膿汁と血液の沼に投げこ

右ページ：ランブール3兄弟が手がけた『ベリー公のいとも豪華なる時祷書（じとうしょ）』（1416年頃）より。トゥヌクダルスの地獄（88ページ参照）で、悪魔が大きな網の上で焼かれながら魂を吐きだしている。

次見開き：幅17フィート（約5.2m）の大作「最後の審判の壁画」。英国サリー州チャルドンにある聖ピーター・聖ポール教会の奥に隠れていた。12世紀に描かれ、天国と地獄の多忙な情景が描かれている。

まれ、親に背いた子どもは肉食の鳥についばまれてばらばらになる。魔術に手を出した者は燃えながら回転する糸車に釘で打ちつけられる。誰もが神の慈悲を求めて泣きさけぶが、タルタルクスはますます図に乗って拷問に拍車をかける。後悔はもう遅いのだ。
火を使った責め苦が怖れられる理由として、聖アウグスティヌス(354〜430年)、ローマ教皇グレゴリウス1世(540年頃〜604年)、トレドのユリアヌス(642年頃〜690年)など中世初期の神学者の見解は一致している。ユリアヌスの言葉を借りれば、死後世界の魂には「偽肉体」と呼ぶべき身体的属性が備わっており、それゆえ平安も耐えがたい苦痛も経験できるというのだ。

人気を博した地獄の幻視

地獄を見たり、地獄に行ったりしたのは外典の聖人だけではない。聖職者で歴史家のトゥールのグレゴリウス(538年頃〜 594年)は自著『フランク史』の中で、フランスのランダン大修道院長スンニウルフの幻視で見た地獄を紹介している。「彼は火の川を見たことがあると語った。川岸のある場所に大勢が集められ、巣箱に入るハチのように次々と飛びこんでいく」。この幻視体験をいましめと受けとったスンニウルフは、「目ざめてからは修道士たちに対していっそう厳格になった」とグレゴリウスは記している。

アイルランドの聖ファーシーも地獄の幻視を何度か経験しており、英国の聖職者で歴史家のベーダ・ヴェネラビリス(673年頃〜735年)がその模様を伝えている。あるときは天使たちと空を飛び、暗い谷間を越えて、空中で燃える4つの巨大な火に向かった。火はそれぞれ嘘つき、強欲者、不和の種をまいた者、無慈悲な詐欺を働いた者への罰だという。やがて4つの火はひとつになり、炎の中から悪魔が罪人を投げとばして、ファーシーを直撃した。幻視のあと自分の肉体に戻ったファーシーは、あごと肩に火傷の跡が残っていて、生涯消えなかったという(これを話したときのファーシーは、冬の寒い日に薄着だったにもかかわらず、汗びっしょりだったとベーダは追記して臨場感を出している)。

1100年代に入るころには、地獄の幻視譚(たん)は文学のひとつのジャンルとなり、聖俗問わず親しまれた。なかでも人気を博したのが、1149年頃にアイルランドの修道士マルクスが、騎士トゥヌクダルスから直接聞いたという死後世界の旅物語『トゥヌクダルスの幻視』だ。人の良いトゥヌクダルスは持ち金を教会に寄付せず、「役者や道化や吟遊詩人」に使った。そのせいで彼は夕食の席で意識を失い、地獄に送られて3日間過ごしたという。

トゥヌクダルスは守護天使の案内で地獄をめぐる。鉄網の上で殺人を犯した者が真っ赤な石炭で焼かれている。山越えの道は片側が燃える斜面、反対側が雪の斜面で、あいだで雹(ひょう)が降りそそぎ、鉄の鉤(かぎ)と熊手を構えた悪魔が罪人の群れを左右の拷問に追いたてている。トゥヌクダルスが長さ1000フィート(約300m)の細い板を渡ると(古代ゾロアスター教のチンワト橋を思わせる。29〜30ページ参照)、巨大な怪物アケロンが現れる。目が激しく燃えあがり、口の中には2人の悪魔が柱のように立っている。天使は姿を消し、トゥヌクダルスは悪霊たちに怪物の腹に投げこまれるが、天使に救いだされて地獄めぐりが再開する。湖に行くと、手のひらほどの大きさで、とげだらけの飢えた動物が湖を埋めつくしている。次に、鉄のくちばしをもつ大きな鳥に遭遇する。鳥は乱交にふけった尼僧と司祭を食いあらし、その残骸を凍てついた湖に排出すると、落とされた残骸は男も女もヘビを産む。ハチが飛ぶような音で悪魔が飛びかい、「死の歌」を歌う中、トゥヌクダルスは悪魔ルシフェルの前に進みでる。

その姿はカラスより黒く、人間のようだがくちばしと鋭い尾をもつ。何千本と伸びる手はそれぞれ指が20本あり、爪は騎士が持つ槍(フーサン)より長い。足と足指の爪も同様だ。手も足も不幸な魂を握りしめている。ルシフェルは燃えさかる石炭の上の鉄網に縛りつけられて横たわり、無数の悪魔が周囲をとりまく。ルシフェルは息を吐くたびに、握りしめていた不幸な魂を高く吹きあげて地獄の責め苦へと送りだす。そして息を吸うたびに魂を口に戻し、嚙(か)みくだくのだ。(この情景は85ページの図版を参照)

やがてトゥヌクダルスは目を覚まし、「自分の肉体をまとっている」ことを確かめる。この物語は真に迫った描写が人気を呼び、少なくとも15種類の言語に訳され、250部近い装飾写本が今日まで残っている。

中世の地獄めぐりの最後に登場するのは、『サーキルの幻視』(1206年)だ。英国の貧しい農夫サーキルが、聖ユリアヌスの案内で「あの世」を見てまわる。霊たちは白黒の斑点におおわれ、燃えさかる火、沼、とげだらけの橋、かまど、深淵、善悪を量る秤(はかり)などおなじみの風景と道具が登場する。さらに闘技場のようなところでは、「無数の」霊魂が白熱した鉄輪に釘づけにされている。何段もの観客席には悪魔たちが座り、次々と行われる拷問を、舞台を楽しむように見物していたという。

上：巨大な怪物アケロンを見るトゥヌクダルス。『トゥヌクダルスの幻視』のシモン・マルミオンによる装飾写本より（1475年）。

地獄の口

「地獄の口」は、サタンの地下王国の入口を描いた中世伝統の題材だ。巨大な怪物が口を開き、そこから責め苦を受ける地獄へ落ちた死者が苦しみもだえて救いを求める。キリスト教にそむいた人生を送った者への報いを視覚的に表現しており、聖書の印象的な次の4つの場面が盛りこまれている。罪人を飲みこむ奈落（ならく）、死者をむさぼり食おうと歩きまわる獅子のサタン、火を吐く竜のサタン、そして旧約聖書に出てくる海獣レビヤタンである。地獄の口はアングロサクソン期に起源があると思われ、悪魔そのものの口として描かれることもある。10世紀後半に古英語で書かれた『ヴェルチェッリ説教集』にはこんな記述がある。「蛇の穴と、サタンと呼ばれる竜ののどから出てきた者はいない」（説教4章46〜48節）。

左ページ：オランダの装飾写本の最高傑作『カトリーヌ・ド・クレーヴの時祷書』（1440年頃）に描かれた地獄の口。

右：大天使ミカエルが地獄の口に錠をかける。12世紀につくられた『ウィンチェスター詩篇』の彩画。

悪魔の歴史

悪魔を意味する英語デヴィル（devil）はギリシャ語で「中傷する者」「非難する者」を意味するディアボロス（diabolos）が語源だが、ほかにもルシフェル（ラテン語の「光を運ぶ」lux + ferに由来）、サタン（ヘブライ語で「敵対者」の意）、モレク、ベルゼブブ（ヘブライ語の「ハエの王」Ba'al Zevuvに由来）、暗黒王子、メフィストフェレス、反キリスト、偽りの祖など悪魔の呼び名は数多い。これに匹敵するのは、英国の作家でスパイとしても活動し、198の筆名を使ったとされるダニエル・デフォー（本名ダニエル・フォー）ぐらいだろう*1。非国教徒である長老派の家に生まれたデフォーにも悪魔への執着があったようだ（当時の長老派はカトリック教会を悪魔と結んだ勢力として否定していた）。1726年に出版した『悪魔の政治史』では、サタンが実在するという信念のもと、サタンは十字軍など歴史上の事件に関与しており、欧州のカトリック教会上層部と密接につながっていると主張している。当然ローマ・カトリック教会はただちに禁書にした。

上：古代メソポタミアの風魔神パズズの銅像（紀元前8世紀）。キリスト教の悪魔像はエジプトやメソポタミアなど古代世界の神や魔神に起源をもつ。

古代の「悪魔的」なもの

悪魔の存在と擬人化は、先史時代から人類の関心事だった。その背景には、不変の哲学的問いかけがある。善と悪がこの世に存在することを、いったいどう説明するのか？ 全能であり慈愛に満ちた神が、なぜ悪の存在を許しているのか？ 世界にはさまざまな宗教や信仰があるが、この疑問に対する解釈はそろって同じだ。善と悪という2つの勢力が、たえずせめぎあっているから。あるいは物語の鉄則として、主役には敵対者が不可欠だから。そこで悪魔の登場である。

中世のユダヤ教、イスラム教、キリスト教の信者は、悪魔は獣の姿をしていると信じていた。エデンの園でイヴをそそのかしたヘビの話に影響を受けた西欧の写本製作者は、悪魔にヘビの特徴をもたせたが、人間と獣を融合させる発想は、さらに古い宗教に起源がある。エジプト神話の悪の化身で、闇と混沌を象徴し、夜

*1　ほかの筆名はベティ・ブルースキン、ボースン・トリンコロ、キドニー・フェイス伯、サー・フォプリング・ティトル=タトルなど。

*2　恐ろしいことに、アペプはまもなく地球に戻ってくる。2029年4月13日金曜日、アペプにちなんで命名された小惑星アポフィスが地表から約3万1000kmまで接近するのだ。この大きさの天体が接近するのは1000年に一度のことだ。（編集部注　2021年3月にNASAが否定した）

になると太陽神ラーの船を襲うアペプが典型的な例だ*2。アペプは中王国時代(紀元前21〜18世紀)にはヘビの姿で描かれ、地震や雷雨などの恐ろしい自然現象と結びついていた。古代バビロニアには、翼をもった人間の形の悪霊で、夜に現れては男を誘惑し、妊婦と幼児を殺すリリートゥがいた。

ローマ帝国にキリスト教が定着するにつれて、それ以前の異教の神々は邪悪な存在とみなされ、切りすてる必要が出てきた。その代表がギリシャ神話の野生の神パンだろう(ローマ神話ではファウヌス)。身体の半分は人間だが、半分はヤギで、ヤギの角と割れたひづめをもち、色を好む。なるほど悪魔の姿と重なる。

擬人化された悪魔の重要性は宗教によってばらつきがある。たとえばユダヤ教のサタンはさほど重要ではない。ヘブライ語聖書にも悪魔的な存在がときおり登場するが、最も知られているのは旧約聖書の「ヨブ記」だろう。「敵対者」または「誘惑者」(悪魔のこと)

左:「ひづめをもった足と大きな目が見えた!」。ダニエル・デフォー著『悪魔の政治史』(1819年版)の挿絵。

上：ヤコブス・デ・テラモ著『ベリアルの書』（1461年版）の挿絵。地獄のルシフェルと反イエス・キリスト勢が裁判を起こし、神の子が地獄に不法侵入したと損害賠償を求めた。悪魔が得意げに裁判開始の令状を掲げて地獄に戻っていく。

は神の許可を得て、敬虔な主人公ヨブの家族と全財産を奪う。悪魔は、こんなに痛めつけられても神を変わらず称えるのかと、ヨブにたずねる。神の力は強大だが、敵対者もこうした行動ができることを考えると、対等ではないにせよ、悪魔も無力ではなさそうだ。

旧約聖書の「創世記」でイヴを誘惑するヘビはいかにもサタンを連想させるが、悪魔の概念が生まれたのは「創世記」よりあとだと多くの神学者は考える。新約聖書では、悪魔が40日にわたってイエスを誘惑しているが（「マタイによる福音書」4章1〜11節、「マルコによる福音書」1章12〜13節、「ルカによる福音書」4章1〜13節。「ヨハネによる福音書」にはない）、それ以前に悪魔の出自に関する説明はないし、外

上：画家で詩人のウィリアム・ブレイクが描いた「大いなる赤い竜と太陽をまとった女」（1805年）。

見も描写されていない。「ペトロの手紙一」は、魂の狩人である悪魔についてこう警告している。「身を慎んで目を覚ましていなさい。あなたがたの敵である悪魔が、ほえたける獅子のように、だれかを食い尽くそうと探し回っています」（5章8節）。そして「ヨハネの黙示録」では、サタンは恐ろしい怪物と化し、終末の世界で神と天国に襲いかかるのだ。

ルシフェルが光から悪魔になる

ルシフェルは神の手ごわい敵であり、邪悪な霊魂の王子だが、同時にこんな疑問の声もあがる。「どのルシフェル？」。ルシフェルはラテン語で「光を運ぶ」という意味で、この名前で呼ばれるもの

上：イタリア、ラヴェンナにあるサンタポリナーレ・ヌオーヴォ聖堂に残る6世紀のモザイク画。イエスの右に立つ青い天使は、キリスト教美術に描かれた悪魔としては最古のものと考えられる。

はたくさんあるのだ。元来は朝の輝く星である金星の呼び名だった。382年にローマ教皇ダマスス1世に要請され、聖ヒエロニムスが訳したウルガタ聖書(最初にラテン語に翻訳された聖書)を見ると、「ヨブ記」のルシフェルは朝の光(11章17節)、黄道十二星座(38章32節)の意味で使われており、「詩篇」109篇3節ではオーロラを意味している。「イザヤ書」では、天から落ちてきて光で周囲を圧倒するバビロニア王にたとえている(14章12節)。ウルガタ聖書「シラ書」ではオニアスの息子である大祭司シモンとそのまばゆい高徳を、また「ヨハネの黙示録」では天の輝かしい栄光を讃える表現になっている(2章28節)。「ペトロの手紙一」1章19節、「ヨハネの黙示録」22章16節、さらに復活祭前日の聖土曜日に歌われる長大な賛歌エクスルテトでは、イエス・キリストその人も魂を導く真実の光ルシフェルと呼ばれる。

しかし、ウルガタ聖書の「イザヤ書」14章12節には、のちの欧州キリスト教世界における悪魔像に深く関わる比喩が、ルシフェルという言葉を使って出てくる。そして5世紀に入ると、その言葉が、「ヨハネの黙示録」で神にそむいて天から堕落した天使長を指すようになった。旧約聖書の敵対者と、黙示録の魔性の敵が融合したのだ。

上：イタリア、ピサ大聖堂の納骨堂にフランチェスコ・トライニが描いた悪魔。グロテスクな美しさがある。

天使の姿から怪物へ

中世になると、悪魔はいかにも悪魔的な風貌で表現されるようになるが、広く定着していたわけではなかったようだ。たとえばイタリアのラヴェンナにあるサンタポリナーレ・ヌオーヴォ聖堂には、最後の審判を描いた6世紀のあざやかなモザイク画が残っている（左ページ）。右側にいるのは現存する最古のサタン像とされるが、青の衣装をまとった天使の姿で、中央のイエスや、左側の天使に負けず劣らず美しい。

時代が下って15〜17世紀、ヒエロニムス・ボスやアルブレヒト・デューラー、ヘンドリック・ホルツィウスなどのドイツやネーデルラントの芸術家は、サタンを怪異きわまりない姿に描こうとしたものの、聖書には手がかりになる描写がほとんどない。そこで古くからの伝承や自らの想像をこれでもかと詰めこんだ――ギリシャ神話

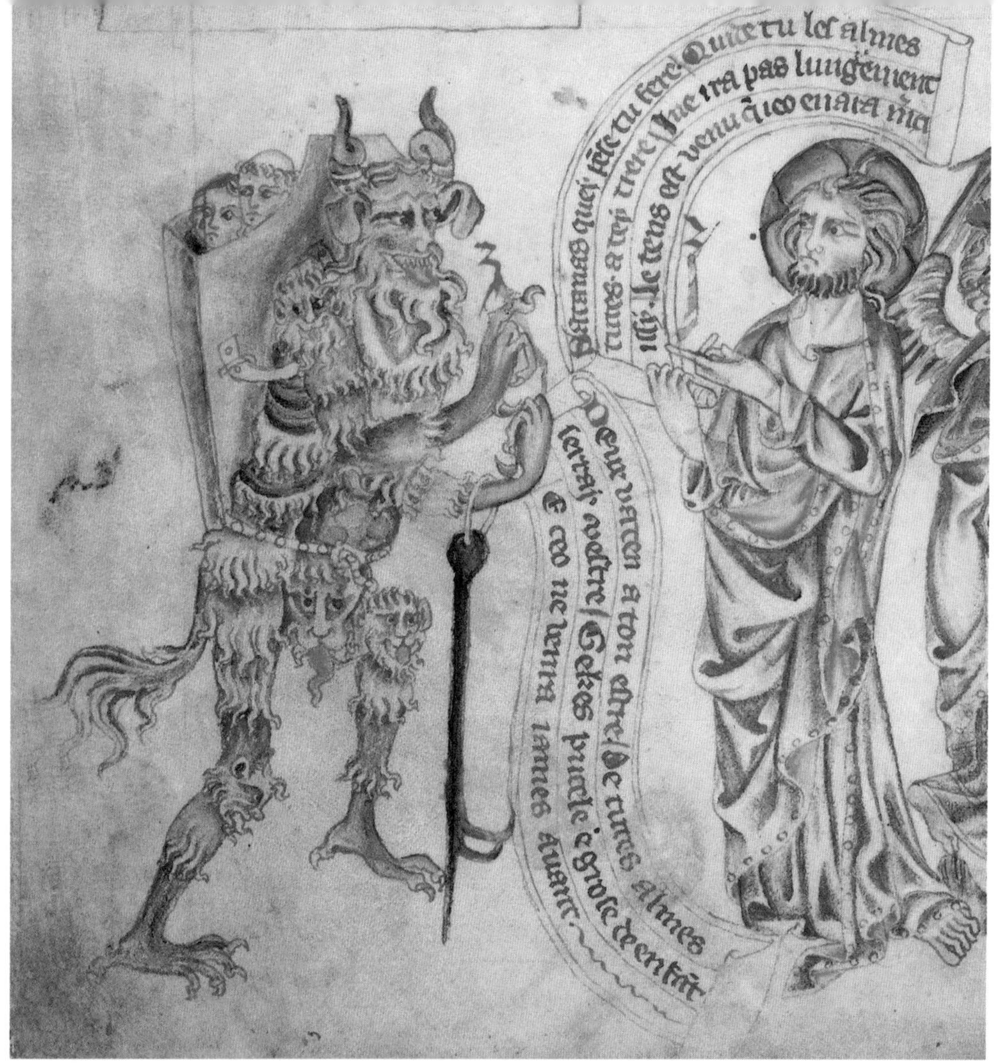

上：英国の写本『ホルカム聖書絵本』(1327年頃〜1335年)に描かれた悪魔。

の神パンのひづめの足、東方の神々が生やす角、近東の神や悪魔を思わせるヘビやモウモリの特徴など、見る者の不安をあおる要素が満載されたのである。

イタリアの画家ジョットやフラ・アンジェリコも、ダンテの影響で描いた最後の晩餐の絵に、悪魔を登場させている。地獄の中央で、反逆者を陽気に食らう巨人の姿だ。たしかに中世のルシフェル表現に影響を与えた文学として、14世紀に書かれた『神曲』の「地獄篇」の右に出るものはない。地獄の最深部に潜む怪物は3つの顔をもち、その描写はなまなましい。「口を開いては罪びとを歯で噛みくだき(略)3人がこの責め苦にあった」、サタンは「強大な翼をもつが(略)羽のないコウモリのそれだった」

人間的になっていく悪魔

悪魔の姿かたちが進化すると同時に、日常生活においても悪魔の役割は変化し、悪魔に執着していた作家デフォーが恐れたような混乱を引きおこす存在となっていった。黒死病（ペスト）、戦乱で荒廃する欧州では、生者の苦難に悪魔が影を落としていると考えることは当然だった。悪魔は油断のならないペテン師どころか、抵抗してもむだな壊乱者なのだ。中世末から近世にかけて欧州に吹きあれた魔女狩りの嵐も、根底には悪魔への恐怖心があった。女は男より弱くて知性も劣るから、神の王国にそむくサタンの口車に乗せられやすいと考えられていたのだ。

16世紀に入ると、地獄とその支配者の存在を単に怖れるだけでなく、どうすれば自然な形で説明できるかという好奇心が生まれてくる。芸術作品におけるサタンの描写も、恐ろしい怪物から人間に近い幻想的なものへと少しずつ変化していった。この流れを決定的にしたのがプロテスタントで詩人のジョン・ミルトンが書いた『失楽園』(1667年)だ。悪魔の心理的な性格描写を行った最

左:中世後期につくられたフス派写本の傑作『イエナ写本』(1490年頃〜1510年)より、贖宥状(しょくゆうじょう)を売りつける悪魔。

次見開きの左:版画職人コルネリス・ガル(父)作の「ルシフェル」(1590年頃〜1600年頃、イタリア)。氷の上を急いで駆けぬけようとする男たちや、死者の魂がただよう球体の中で、世界の中心である悪魔の性器のそばを沈んでいく男たち(ジュール・ヴェルヌの『地底旅行』を読む楽しみが増えそうだ)、最下部の洞窟で悪魔の足を調べている男たちにはDとVの文字がつけられ、それぞれ、『神曲』で地獄を旅するダンテとウェルギリウスを意味している。

次見開きの右:罪人(つみびと)の脚をむさぼり食う悪魔。ロンドン、ウェルカム図書館が所蔵する魔導書の写本『悪魔と魔術の大要』(1775年頃)より。

LVCIFER
Scenographia et Ichnographia dimidiae vrbis Ditis, prout e Dantis poëmate descripsit Ant. Manettius Florent. A. Circus V. irae, styx palus B. Moenia vrbis igne candentia. C. Circus VI. Haereseos et caemiterium pomoerij. D. Circus VII. violentiae in tres gyros distinctus E. Circus VIII. fraudis in X. bulgias. F. Circus IX. proditionis Cocytus in 4. sphaeras glaciei circa centrum mundi. G. Gigantum puteus H. Flegia nauicula. I. Minotaurus. K. Turris Eumenidum. L. Porta vrbis Ditis. M. Geryon poëtas per aërem humeris ferens.
Damnatos ob admissa per incontinentiam fugit Dantes in superiori eaque dimidia inferae vallis parte; ab eo dicta TRISTA CONCA. Damnatos autem ob admissa per prauitatem et feritatem, in infima inferorum parte, quam vrbem Ditis appellat. Sed poëtis ad Luciferum venientibus, Virgilius Dantem sibi brachijs collo innexis a tergo adhaerentem humeris tulit, perq. costarum villos, vsq ad medium Luciferum (vbi est centrum mundi) cum eo descendit: tum capitibus, vbi Poëtarum pedes erant, circumando et inter vellera prorepende locatis, per femoris pilos cum eodem Dante ascendens in oppositum nobis Hemisphaerium ad Luciferi crura Dantem adduxit sub Occasum istic, nobis sub ortum Solis. A feria 2. maioris hebdom. an. sal. 1300. cum dies 7. huic itineri impendisset, ipso Paschatis die se in caelum peruenisse Dantes confinxit.
CENTRVM MVNDI
Dantes Aligerius cap. 34. Inf. canit vidisse se Luciferum longitudine pedum 4000, medium perforantem Cocytum. Sunt autem sex eius alae instar vespertilionis cartilagineae triplici vento congelata: tres vero vnius capitis facies horrenda sub crista iunguntur: dextra earum lutea; laeua aethiopis instar prorsus nigra; media, quae et anterior, rubicunda est. singula capita proditorem dentibus vt aridum linum disrumpunt. Iudas Iscariotes capite merso vnguibus insuper dilaniatur: a quo infima Cocyti glacies sphaerica nuncupatur Iudecca: quo in loco suorum proditores dominorum defixi torquentur.

Der fürst der finsternis: Dagol:

左：トマス・ストザード「軍勢を招集するサタン」（1790年）、キャンバスに油彩。

下：ベルギー、リエージュの聖ポール大聖堂にある白大理石の彫刻。作品名は「悪の天才」だが、「リエージュのルシフェル」の異名をもつ。作者はベルギーの彫刻家ギヨーム・ギーフ（1805〜1883年）。

初ともいえる作品である。ここに出てくる悪魔は、凶暴で卑劣な捕食者ではなく、得意げな態度が魅力的な英雄で、稲妻のような顔の傷だけが内に秘めた邪悪な部分をしのばせる。ミルトンの手で、このアンチヒーローは堂々たる存在を発揮しはじめる。「彼は抜きんでていて／たたずまいも身ぶりも際だち／立ち姿は塔のようだ」。そして挫折の恨みをたぎらせ、「かたくなな自尊心と不変の憎悪が混じった失望感」を原動力とした、復讐に燃える理想主義者の本性が明らかになっていく。

画家トマス・ストザードが描いた「軍勢を招集するサタン」（1790年）では、サタンから悲劇的な哀切がにじみでており、ミルトンの流れが続いていることがわかる。当時は宗教から迷信的な要素を一掃しようという動きも活発だった。ところが時代が19世紀に移ると、悪魔はずる賢いペテン師の顔を取りもどす。ゲーテ作『ファウスト』のメフィストフェレスしかり、マーク・トウェイン作『不思議な少年』しかり。だがそれは中世における恐怖の鉄槌（てっつい）ではなく、うしろめたい誘惑と欺瞞（ぎまん）に依存する卑劣な性格の体現だ。テレビシ

左：民主主義を悪魔になぞらえた1885年の米国の漫画。ワシントンDCを見おろす悪魔が、「ブルボン主義」と書かれたバケツと刷毛を持ち、ペンキで「首都を赤く塗ろうと」している（第22、24代米大統領グロヴァー・クリーヴランドへの諷刺のようだ。彼はブルボンと呼ばれる保守派民主党員だった）。

リーズ『トワイライト・ゾーン』（1959～1964年）や、映画『エンゼル・ハート』（1987年）といった現代作品で扱われる悪魔のキャラクターもそれに近い。悪とそれを操る力は、ありふれてはいるものの、魅力と危険が背中合わせの題材だ。それはやはり、私たち人間の姿で描くのが最も適切な表現ではないだろうか＊3。

＊3　ちなみにだが、神や悪魔を相手どった訴訟が実際に起こされている。たとえば1971年、米国ペンシルベニア州ピッツバーグの州矯正施設に収容されていたジェラルド・メイヨーは、サタンに「憲法で保障された権利を奪われた」として訴えを起こしたが、サタンは外国の王子であるから主権免除を主張できるという理由で却下された。1970年には、アリゾナ州の弁護士ラッセル・T・タンジーが、秘書ベティ・ペンローズの自宅が落雷の被害にあったのは神の不注意であるとして10万ドルの損害賠償を求めている。この裁判は被告が出廷しなかったために、欠席判決でペンローズが勝訴した。

下：18世紀後半にポーランドでつくられた反キリストの肖像画。

ダンテ「地獄篇」と地獄の地図

西洋における地獄観の形成に重要な役割を果たした人物は、なんといってもダンテ・アリギエーリ(1265〜1321年)だ。イタリア、フィレンツェ生まれのこの詩人が1304年頃〜1321年頃にかけて書いた1万4233行の物語詩『神曲』は、死後世界を迫真の筆で細部まで描き、欧州大陸を死への恐怖で染めあげた。そして当時もっとも使われていたトスカーナ方言を標準イタリア語の地位に押しあげるとともに、ルネサンス期の西欧の芸術家を刺激し、あまたの傑作のもととなった。

ダンテが描きだした地獄

第1巻「地獄篇」は、煉獄(140ページ参照)、天国へと続く旅の始まりの部分で、古代ローマの詩人ウェルギリウスの案内で幻想の旅に出たダンテは、好色と大食の地獄や異端と反逆の地獄とい

下:フィレンツェにあるサン・ジョヴァンニ洗礼堂の天井モザイク画。コッポ・ディ・マルコヴァルド(1225年頃〜1276年頃)作。約50年後にダンテが「地獄篇」で描きだした3つの頭をもつサタン(三位一体の置きかえ)は、このモザイク画に影響を受けていると考えられる。

った、9つの同心円が階層となった地獄を降りていく。

地獄の第一圏は辺獄(136ページ参照)だ。「私は暗い谷のほとりに立っていた。吠えるような声がたえず響きわたっている。谷は真っ暗で深く、雲がかかっていて、目をこらしても何も見えなかった」。ここは未洗礼者や高徳の異教徒など、キリストには受けいれられないが、地獄に落ちるほどでもない者が過ごすところだ。

第二圏は肉欲の地獄で「かすかな光さえもない」。有名人ではクレオパトラ、トロイアのヘレネ、パリス、アキレウスがいる。第三圏は大食の地獄。罪人は悪臭のぬかるみを転げまわり、頭が3つある番犬ケルベロスにいたぶられる。第四圏、強欲の地獄は第七歌で語られる。罪人は「ののしりあいながら大きな重石を転がしたと思うと、急いでもとに戻す。『なぜためこむ?』と問う連中がいれば、『なぜむだにする?』と問いかえす連中もいる」。地獄めぐりは続き、とうとう地球の中心にある最下部の第九圏にやってきた。ここではルチフェロ(サタンのことで、ウェルギリウスは「ディス」と呼ぶ)がコキュートス湖で腰まで氷に閉じこめられており、ユダ、ブルータス、カッシウスなどの有名な裏切者を永遠にむさぼり食っている。

> *(略)彼は顔が3つあり、中央の顔は血のように赤い。*
> *あと2つは左右の肩の真ん中にのり、*
> *最初の顔と並んで、*
> *てっぺんで3つがくっついている。*
> *右の顔は黄色味と白味を帯び、*
> *左の顔はナイルが下って流れでる土地から来た者を思わせる。*
> (「地獄篇」第34歌39〜45行より)

コキュートス湖の水はルチフェロの涙でつねに満たされ、しかも脱出を試みて翼をはためかせるたびに、その風で凍りつく。

『神曲』の地獄地図づくり

『神曲』は紙に書かれた文学作品として最も偉大な傑作であり、その後の作家や芸術家に多大な影響を与えた。中でも注目すべきは独創性あふれる地獄の構造で、これに触発された芸術家や科学者は、こぞって地獄地図づくりに熱中した。

ダンテが描いた地獄は地下にあるという設定だ。場所はエルサレムのちょうど真下で、巨大な円錐が地球の中心に向かって細くなっている。この詳細な記述に加えて、15世紀ルネサンス期の地図製作への関心、さらにこの時期ならではの計測熱も加われば、想像を駆使した地獄の地図づくりが始まるのは時間の問題だった。

ダンテの地獄地図をつくる試みは、フィレンツェの数学者で建築家のアントニオ・マネッティ(1423〜1497年)が最初とされる。マネッティはダンテの地獄の大きさ、形、位置を正確に地図化できると考えた。彼自身は自分の計算や、それに基づく地図を出版していないが、フィレンツェ・ルネサンスを代表する2人の人物、クリストフォロ・ランディーノが注釈版『神曲』印刷本(1480年)で初めてマネッティの説を紹介し、1506年にはジローラモ・ベニヴィエーニがマネッティの地図も入れて注釈版を出版した。

ガリレオ・ガリレイの計算

地図製作はひとつの流行となり、ルネサンス期のフィレンツェやトスカーナでは知識人による地図づくりがさかんになった。ガリレオ・ガリレイ(1564〜1642年)はまだ若者だった1588年、フィレンツ

左と右ページ:ダンテが1321年に『神曲』を書きあげてから125年後、イタリアでつくられた写本に画家プリアーモ・デッラ・クエルチャが描いた挿絵。
左上は渡し守のカロンが漕(こ)ぐ舟でアケロン川を渡るダンテ。
左下はローマ教皇アナスタシウス2世の墓をのぞきこむダンテとウェルギリウス。右は地獄の3つの谷。
右ページ上は姦通者、誘惑者、おべっか使いが集まる第八圏に入るダンテとウェルギリウス。
右ページ下は交換取引の刑罰を眺めるダンテとウェルギリウス。

ェのプラトン・アカデミーに招かれて、ダンテの地獄の地形について講義を行っている。これは彼の生涯の中では地味な逸話だろう。ガリレオはマネッティの解釈を支持しただけでなく、ルネサンス期の科学革命の立役者のひとりでありながら、自らの計算をもとに地獄の設計を試みたのだ。

ガリレオの2回の講義の筆記録はいま読んでもおもしろい。それによると、計算の根拠とした情報源に『神曲』の次の記述も含まれていた。「太陽はすでに地平線に接し、子午環は最高点でエルサレムを通っている」。ここからガリレオは、地獄の屋根の直径は地球の半径に等しいと考えた。つまり、フランスのマルセイユから現在のウズベキスタンの首都タシケントに達する大きさだ。

屋根の厚みに関しては、建築家フィリッポ・ブルネレスキ（1377〜1446年）が設計したフィレンツェの大聖堂を参考にした。大聖堂の屋根は幅が148フィート（約45m）もあるが、厚みは10フィート（約3m）しかない。したがって地獄の大円蓋は厚さ370マイル（約

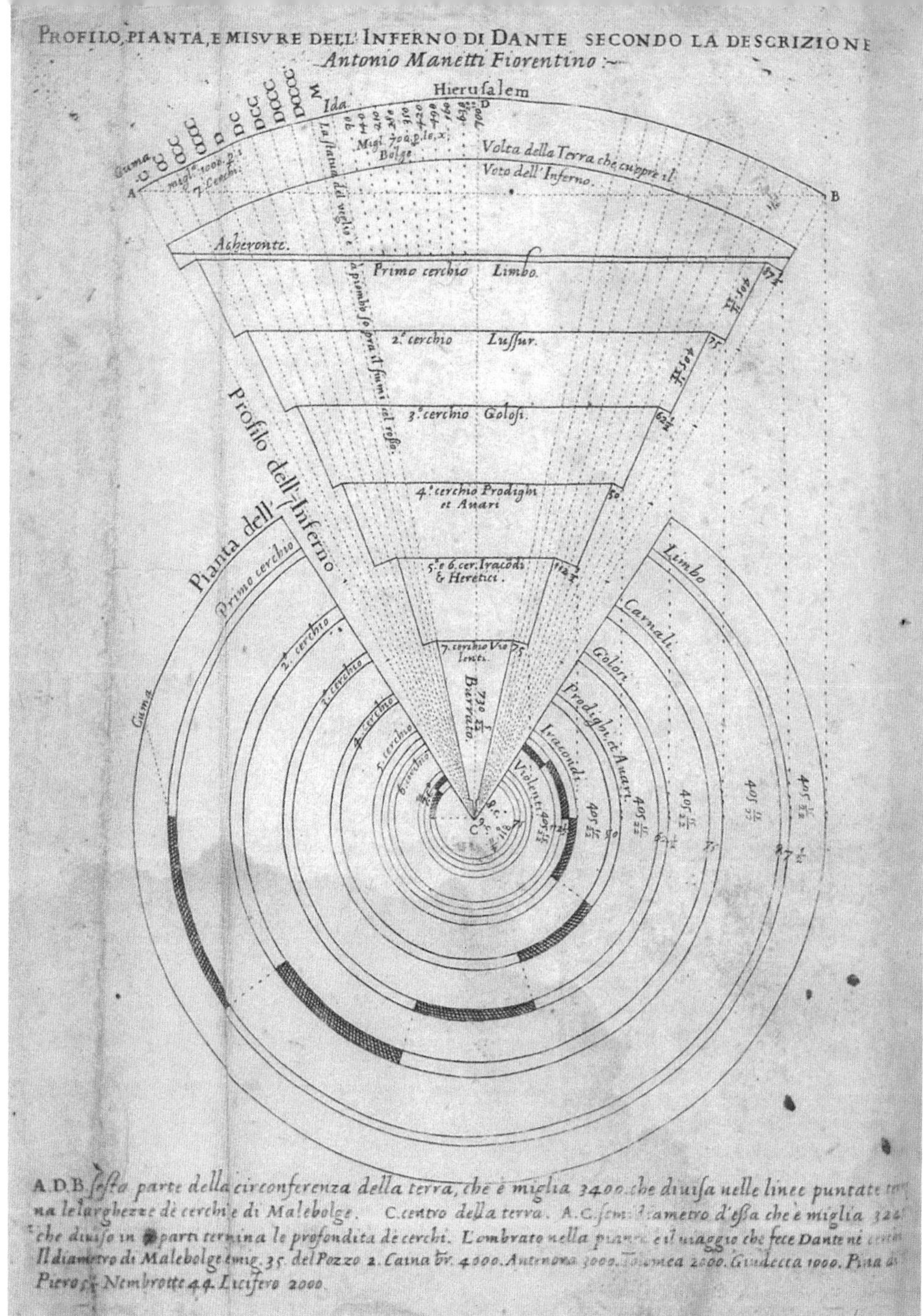

上：建築家アントニオ・マネッティが図解したダンテの地獄の断面と平面および寸法（1529年頃）。

600km）となる（だが円蓋がこれほど大きいと、そのすさまじい重さで、下にいる者は全員押しつぶされる。ガリレオが自らの計算と他者の概算に致命的な欠陥があることに気づいたのはずいぶんあとのことだった）。

左：ダンテの考えた円形の地獄は、地球を中心に惑星の天球が同心円状に並ぶという、当時の宇宙観をそのまま逆にしたものだ。1464年の写本にゴシュアン・デ・メッツが描いたこの挿絵は、宇宙の中心に地獄が配されている。

下：フィレンツェの建築家アントニオ・マネッティが作成したダンテの地獄の図解。

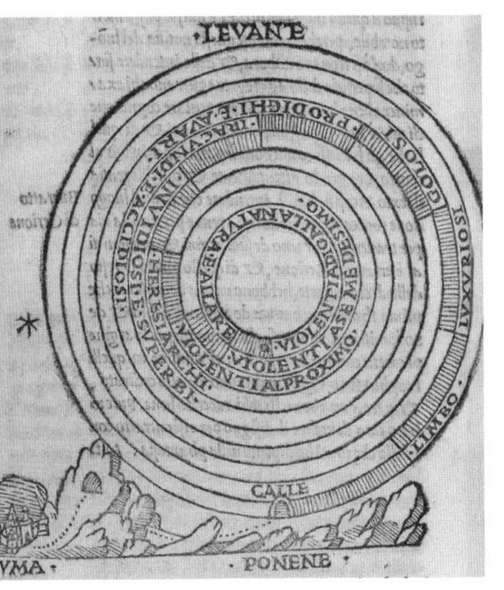

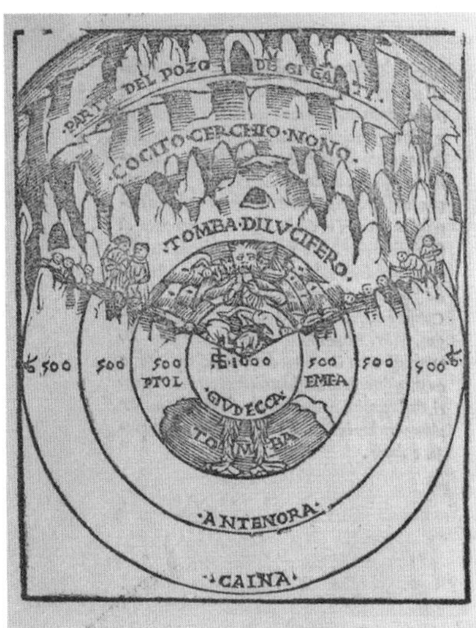

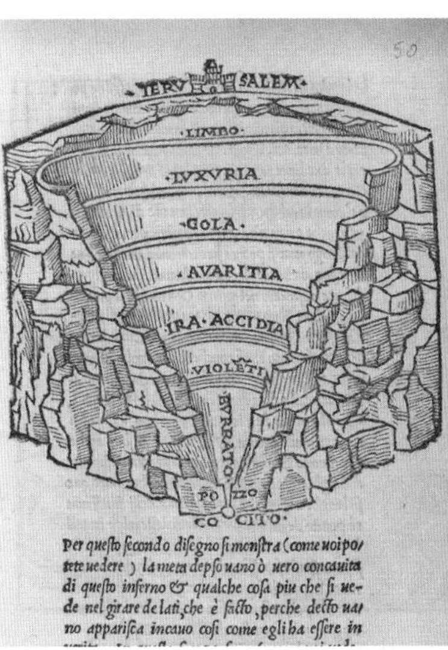

左：イタリア、ボローニャのサン・ペトロニオ聖堂にあるジョヴァンニ・ダ・モデナ作「地獄」（1410年頃、部分）。1408年、ボローニャの富豪バルトロメオ・ボロニーニが「できるだけ恐ろしく」描くようにという条件つきの遺言で依頼した作品。

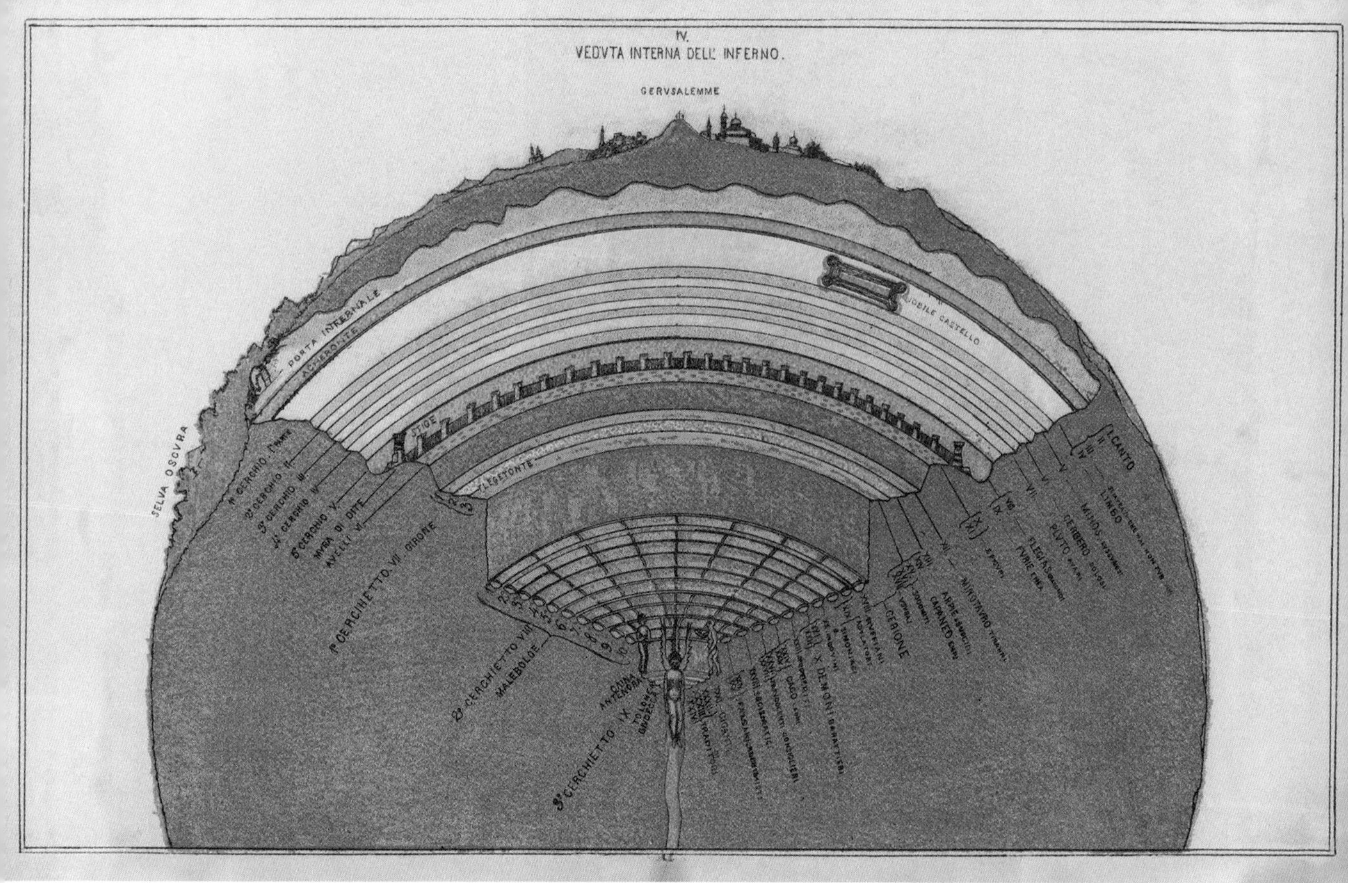

上と右ページ：イタリア、ローマのセルモネータ公ミケランジェロ・カエターニ（1804〜1882年）が描いた『神曲』の図解（1855年）。上と右ページ左は地獄地図、右ページ右は『神曲』に描かれた宇宙の概観図。

深化する描写

マネッティと同じフィレンツェ出身の画家サンドロ・ボッティチェッリ（1445〜1510年）も、ダンテの地獄の視覚化に乗りだした。そして完成したのが、入念に描きこまれた「地獄の地図」（114〜115ページ参照）で、ダンテ「地獄篇」と聞いて連想する最も有名な絵である。貴族ロレンツォ・ディ・ピエルフランチェスコ・デ・メディチの依頼でつくられた『神曲』の豪華な写本の挿画として、1480年代〜1490年代に描かれた90数点の1枚だ。

ボッティチェッリはダンテの地獄をパノラマ的に表現し、そこにさまざまな細部や題材を描きこんだ。小さな人物は大きさがちょうど2分の1インチ（約1cm）しかない（地図自体は幅約19インチ/47cm）。ボッティチェッリは14世紀のこの物語詩に生涯にわたって傾倒し、その知識も相当なものだった。そんな画家の優美かつ正確な筆のおかげで、この地獄地図からはダンテの物語のほぼすべてを

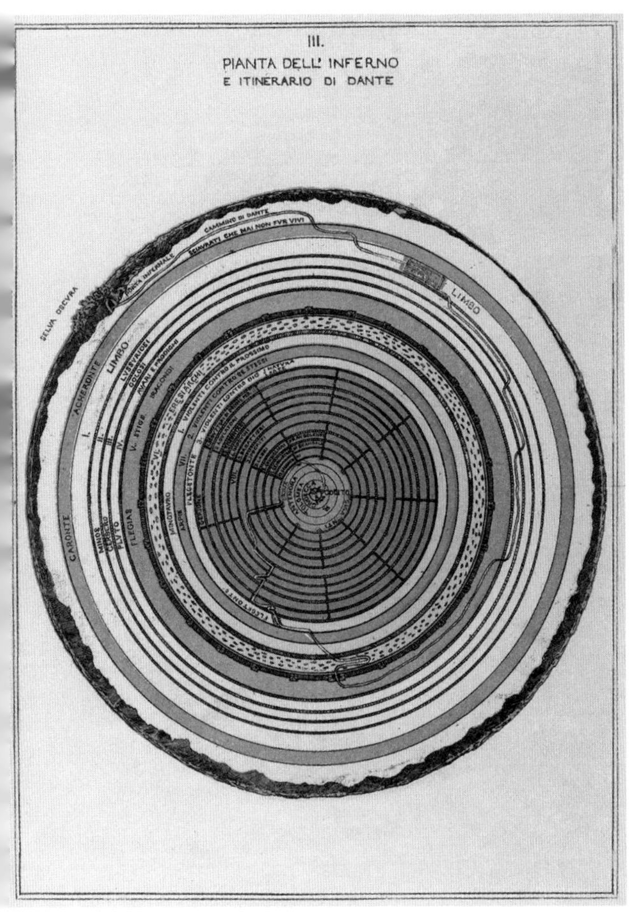

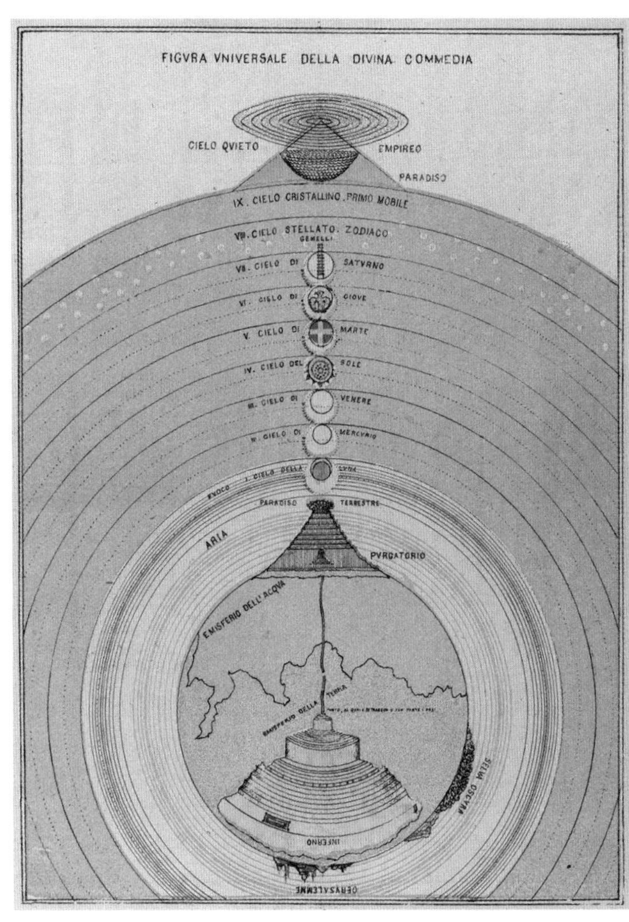

「読みとる」ことができる。

ダンテの地獄地図づくりは16世紀以降下火になったが、19世紀にふたたび盛りあがりを見せる。その流れを先導したのが、国際人であり教養人だったイタリア人、セルモネータ公ミケランジェロ・カエターニ（1804〜1882年）である。マネッティの試みから300年以上たった1855年、カエターニは『ダンテ・アルギエーリ「神曲」図解』を出版した。収録された6点の図版は近代的な解釈がされ、当時登場したばかりのクロモ石版術を使って、イタリアのモンテ・カッシーノの修道院で印刷された。カエターニの地図は地獄地図の伝統である科学的側面を踏襲しつつも、「地獄篇」の不朽の魅力をしっかり反映しており、その後も長きにわたって芸術家や作家、科学者の心をとらえて離さなかった。20世紀の米国の詩人T・S・エリオットはこう書いている。「世界はダンテとシェイクスピアで二分されている。三番目の入る余地はない」

次見開き：ボッティチェッリがダンテに触発されて描いた地獄地図。

地獄の進化

ダンテの壮麗かつ緻密な描写に触発されて生まれた多くの地獄地図は、16世紀の死後の世界観を決定づけ、中世の神秘主義者による地獄めぐりの伝統を生みだした。それとともに、初期ルネサンス文学におけるダンテの地位を揺るぎないものにした。しかし17世紀初頭になると、とくにプロテスタントの英国では、地獄の精密な地図づくりや、ダンテによって確立された罪の分類への関心はすっかり薄れた。重要なのは天国で神のもとに行けるか、そうでないかだった。神から切りはなされること自体が罰であり、罪を細かく分類し、それによって悪魔の責め苦が変わることは無意味とされたのである。その一方、カトリックでは、魂の剝奪(はくだつ)と身体的な恐怖の二本立てで、地獄の恐ろしさをこれでもかとあおった。

信者の恐怖をあおる教会

現在のドイツ、バイエルンのイエズス会修道士エレミアス・ドレクセル(1581〜1638年)は、想像力に富んだ雄弁な説教で地獄の恐怖を語っている。著書『永遠に関するドレクセルの考察』(1632年)にはこんな一節がある。「彼らが受ける責め苦は何百万年と続き、心が休まったり、晴れたりする瞬間は皆無である(略)寒さに歯をきしませ、炎の熱さに嘆き、泣きさけぶ(略)夜中に痛風や結石の発作が起き(略)激しい痛みに身もだえするときは、1000年間昼夜の別なく炎で焼かれることを思うがいい」

ドレクセルは地獄の苦しみの種類を数えあげる(内側と外側の暗黒、悲嘆、飢え、耐えがたい悪臭、火)。なかでも大勢が放屁する臭いや、「世界の汚水」から立ちのぼる悪臭の描写は詳細だ。さらに、地獄で100億の罪人をすき間なく並べたら、1平方マイル(約2.6平方km)の中に収まるという興味ぶかい計算も披露している。「犬や豚のように、あるいは桶(おけ)で絞られるブドウ、樽に詰めるマグロの酢漬け、石灰

上：魂を地獄へと導く天使。ヒエロニムス・ボスの弟子による油彩。

左ページ：初期フランドル派の画家ヤン・ファン・エイクが制作した祭壇画「キリストの磔刑（たっけい）と最後の審判」（1430年頃～1440年）のうち、最後の審判を描いたパネル。伝統的な地獄の概念と、死を骸骨で擬人化する新しい流れの両方が見られる点が、15世紀半ばの作品としてはめずらしい。

窯のれんが、串焼きの雌羊、フランベされるプラム、市場で喉（のど）をかき切られる羊のように押しこめられるだろう」

説教があまりに長く、女性信者はドレスの下におまる（通称ブルダルー）をしのばせていたという逸話があるフランスのイエズス会修道士ルイ・ブルダルー（1632～1704年）は、地獄では悪魔が拷問を行うのではなく、罪人が自らの過去の行いで責められると考えた。「猥褻（ひわい）、不正、冒瀆（ぼうとく）、神への侮辱（略）これらの怪物は堕落者にとりつき、周囲を取りかこみ、なまなましい恐怖を与える」（ブルダルー『地獄について』552ページ）。

左：フランドルの画家ハンス・メムリンクによる「最後の審判」の三連祭壇画(1467〜1471年頃)。右のパネルでは、罪人たちが地獄に引きずりおろされている。

上：地獄の悪魔に痛めつけられる死者たち。イタリアの画家ルカ・シニョレッリ（1441年頃〜1523年）による迫力満点の壁画。

論理的な検証

だが、世は啓蒙時代でもあった。権威的な宗教への反感が生まれる一方で、地獄を厳密に説明したらどうなるかという啓蒙主義らしい関心も出てきた。地獄の火は何でできているのか。地獄は地球のどこにあるのか。宇宙のどこに存在するのか。そんな疑問に取りくんだのが英国人の牧師トビアス・スウィンデン（1659〜1719年）で、聖書の記述を地質学の立場から解釈した『地獄の性質と場所の探究』を著した。

研究を重ねたスウィンデンは、いくつかの理由から、地獄は地球内部には存在しえないという結論を導きだした。そもそも永遠の業火(ごうか)を維持できるだけの燃料がない。地獄は混みあっていると言われるが、それでも伝統的に天の星の3分の1の数はいるという堕天使と、人類の歴史が始まってからの罪人全員を収容できるほど広い場所もない（スウィンデンはドレクセルの「1平方マイル」説を一笑に付した）。だが最終的な決め手は温度だった。地球は表面を覆う大量の水に冷やされているので、業火に必要な温度に達するはずがないというのである。

スウィンデンが出した答えは明快だった。地獄は太陽にあるにちがいない。太陽であれば、永遠の火を燃やしつづけて魂を焦が

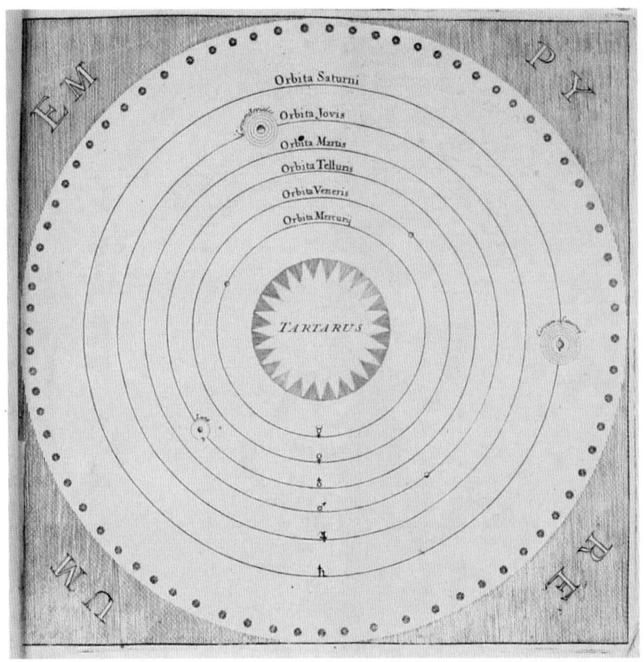

左：トビアス・スウィンデン著『地獄の性質と場所の探究』(1714年)より、第2の円盤。スウィンデンは地獄(タルタロス)が太陽の中心にあると考えた。

すことができる。「これに疑いを抱き、あまつさえ否定しようという愚か者は赤道直下に行き、最高点にある太陽の焼けつく光線に裸の身体をさらしてみるがよい」。たしかに、太陽の体積は地球の100万倍を超えるから、地獄の住民を全員収容することもできる。では、天文学者が太陽の表面に観測した黒い点は？ それは、太陽表面にかいま見た、死者の魂を閉じこめる暗黒だ。したがって、われらが太陽は「タルタロス、つまり地獄の一地方」であることにまちがいないと、スウィンデンは断言した。

イタリア、トスカーナの宣教師ジョヴァンニ・ピナモンティは1693年の著書『キリスト教徒に開かれた地獄』で、地獄の大きさに関する独自の見解を披露している。何世紀ものちに、アイルランドの小説家で詩人のジェームズ・ジョイスは、これに触発されて『若い芸術家の肖像』(1916年)を書きあげた。ピナモンティによると、地獄の壁は厚さが4000 マイル(約6450km)だという。罪人たちは身動きもできないほど詰めこまれて弱りきっており、虫に目玉をかじられても避けることができない。「罪人はそれぞれが炉のように炎を上げる。汚れた血が血管の中で沸きたち、頭蓋骨の中の脳も、胸の中の心臓も、嘆かわしい肉体に収まっているはらわたも、業火にあぶられて煮えあがる」

左：ローマにあるイエズス会のジェズ教会で、1679年に公開されたジョヴァンニ・バティスタ・ガウッリの天井画。罪人たちが枠から飛びだして地獄へ落ちていく。

右ページ：アントニオ・デ・サリバが編集した16世紀ルネサンス期の世界地図。実際の地理と超自然が混在している。中央の地獄の周囲に、プトレマイオスの8つの同心円が広がっている。外周は悪魔と不死鳥とサラマンダーがすむ天上の世界である。

ミルトン『失楽園』の地獄

その一方で、神からの分離が最大の罰であるというプロテスタントの教えに従いつつも、聖職者の感情に訴える説教だけでなく、同時代の文学に触発された芸術作品も登場している。英国の詩人ジョン・ミルトンの長編叙事詩『失楽園』（1667年）は、キリスト教の予定説を乗りこえる意志の自由をうたいあげ、「人間に対する

VERITABLE REPRESENTATION DES PREMIERES MATIERES OU
ELEMENTS,
avec leurs Directions &c accidants dans
Tout; Decrits Cydevant en Italien par Antonius Saliba,
corrigé mis en Latin Par Corn: Judæ d'
Anvers Nouvellement mis en Hollandois
Par AD W.
NIEUWE ENDE ALDERNEERSTIGHE
ONDERSCHEYDINGHE DER
ELEMENTEN.
Van Antonius Saliba, Maldeser in
't Italiaans beschreven, maar nu in
Veel Plaatsen verbetert.
Ende in 't Latyn overgeset door Corn: de
Judæ Antwerperaaren nu in Duyts
Gebraght door AD W.
TOT HAERLEM BY
AMBR. SCHEVENHUYSE
Caart en Konstverkooper.

上：フランス・フランケン(子)作『永遠のジレンマ：善行と悪徳のあいだの選択』(1633年)。

神のみわざの正しさを示す」ことをねらいとした作品だった。だが、読者はサタンの独特の描写に惹きこまれ、サタンと彼の思考の端々を通じて地獄に分けいり、地獄を探検する。

大天使ミカエルとの壮絶な戦いのあと、サタンたちはどうなったか。

燃えさかる醜い残骸とともに
天上からまっさかさまに投げおとされ
底なしの破滅に留めおかれ
金剛石の鎖につながれ、業火に焼かれる

そして混沌の中で9日間のたうちまわったあと、

ついに地獄が現れる
大きな口は彼らを一気に飲みこんで閉じた
そこは彼らにふさわしく火が燃えさかり

左：英国の神学者で数学者のウィリアム・ホイストン（1667〜1752年）が書いた『太陽系の構造と付随する惑星および彗星の軌道』（1712年）。彗星は、「極熱と極寒の終わりなき繰りかえしで罪人を苦しめる地獄」であるとホイストンは考えた。

下：「堕天使を目覚めさせるサタン」。マイケル・バージェス作の版画。ジョン・ミルトン著『失楽園』（初版1667年）の1688年トンソン版より。

消えることのない苦悩と苦痛の家

サタンたちは燃える湖に墜落し、硫黄の炎から出てきたとき、もはや自分が天使の姿ではなく、天国の風景も消えていることに気づいた。

そこは四方の壁が丸まった牢で
炉が燃えさかっているにもかかわらず
光はなく、あるのは目に見える暗闇で
その先に苦悩があることを知る

最後の「目に見える暗闇」は、矛盾する複数の言葉を結びつける撞着（どうちゃく）語法で、その解釈は何世紀にもわたって議論されてきた。神の不在によってあらゆる善が無となった寒々しく陰鬱な地獄が、天国の光の対極として、的確に表現されている。

ミルトンは続いて、地獄の第二の姿を提示する。悪魔たちが自らの都パンデモニアム（伏魔殿）を建設し、神をまねてサタンに宮殿と玉座を捧げるのである。歌や議論で騒がしい様子は、天国と天

TORMENTO DA ETERNIDADE

使たちの組織を皮肉っぽく映しだす。ミルトンはさらに第三の地獄、すなわち内面にある心理的な地獄を描いて、真の悲哀を明らかにする。この地獄こそがサタンの悲劇の核心なのだ。第4巻の冒頭でサタンは「私がどこに飛んでいこうと、そこが地獄であり、私そのものが地獄だ」と独白する。魂のこの状態こそが、ミルトンのほんとうの地獄なのだ。内面に抱える地獄から逃げることはできない。それはどんな場所に囚われるより恐ろしい。

霊的体験で見た地獄

地獄探検の話は文学作品にかぎったことではない。1745年、スウェーデンの神学者で神秘主義者のエマヌエル・スウェーデンボリ（1688〜1772年）がロンドンの居酒屋で食事をしていたら、とつぜん明かりが消え、部屋の隅に人影が現れてこう叫んだ。「大食するべからず！」。スウェーデンボリは驚いて逃げた。その人影は夢にふたたび出てきて神だと名乗り、聖書の真の意味を伝えるから、それを世界に広めるようにと命じた。

左ページと上：イエズス会聖職者アレクサンドル・ペリエの『罪びとの目ざめ』（初版1724年、ローマ）の挿絵。金属の大釘を目に打ちこむ、地獄のラッパを耳元で吹きならす、サソリやトカゲ、ヘビを無理やり食べさせるといった五感に訴える責め苦が並ぶ。

これを機に、スウェーデンボリは死後世界の体験や幻視を数多く発表するようになる。たとえば著書『太陽系におけるいくつもの天体について』では、月と金星と火星に人間そっくりの生命体がいると報告している。最も有名な『天界と地獄』（1758年）には、真鍮製の昇降機で地獄に降りていった話が書かれている。その記述は中世の聖人たちの地獄めぐりに驚くほど似ているが、明らかに異なる点もある。「地獄からは、悪を行おうとする蒸気がたえず発散されて降りてくる」。その一方、天界からも善の蒸気が出て均衡を保っていると書いている。そして地球によく似た地形のところに、複数の地獄があったという。

> *山地や丘や岩の下にも、平原や渓谷の下にも、あらゆるところに地獄がある（略）どこも内部はうすぐらく、燃える石炭に似た光の中で地獄の霊魂がうごめいている。ここに長くいるおかげで彼らの目は光に慣れているが、現世に生きていたころは神の真実が見えなかった（略）すべて［の穴］はふさがれているが、霊魂世界から邪悪な霊魂が投げこまれるときだけ口を開く（略）*

微罪者の地獄では、荒廃した都市のような風景を目の当たりにするとともに、地獄に売春宿があるという意外な事実も明かす。

> *そこは通りや路地が伸びる町で、粗末な小屋のような建物が*

AY DENOS OTROS. PARA QUE PECAMOS YANO AY REMEDIO I.N EL YNFIERNO ADONDE NO AY QUE BER ALGUN ORDEN. SINO ETERNAL CONFU SION.
AY DE MI QUE ARDIENDO QUEDO AY QUE PUDE YANO PUEDO AY QUE POR SIEMPRE HEDE ARDER AY QUE A DIOS NUNCA HEDE VER.

上：ペルー、ウアロにあるサン・フアン・バウティスタ教会の地獄の壁画。タデオ・エスカランテ作（1802年）。

軒を並べている。小屋の中では地獄の霊魂が憎々しげに互いをののしり、殴りつけ、身体をばらばらにしようと必死だ。通りや路地では強盗や略奪が横行している。地獄によっては売春宿もあり、どこもかしこも汚物や糞便だらけで見るに堪えない。

スウェーデンボリの著作を読む者などおらず、たちまち忘れられるだろうと当時は思われていたが、実際は19世紀に入っても色あせず、啓蒙時代の科学と道理を嫌悪していた人びとに支持された。キリスト教の他教派の教義を「完成させる」と主張する新エルサレム教会の基盤にもなっている。

子ども向けの地獄本

1879年、ローマ教皇レオ13世によって永遠の地獄および悪魔の存在を肯定する勅書が発行されるが、それよりも19世紀の若者に地獄の現実感を強烈に焼きつけたのは、当時大評判となった1冊の本だった。それは『地獄の風景』で、著者はカトリック

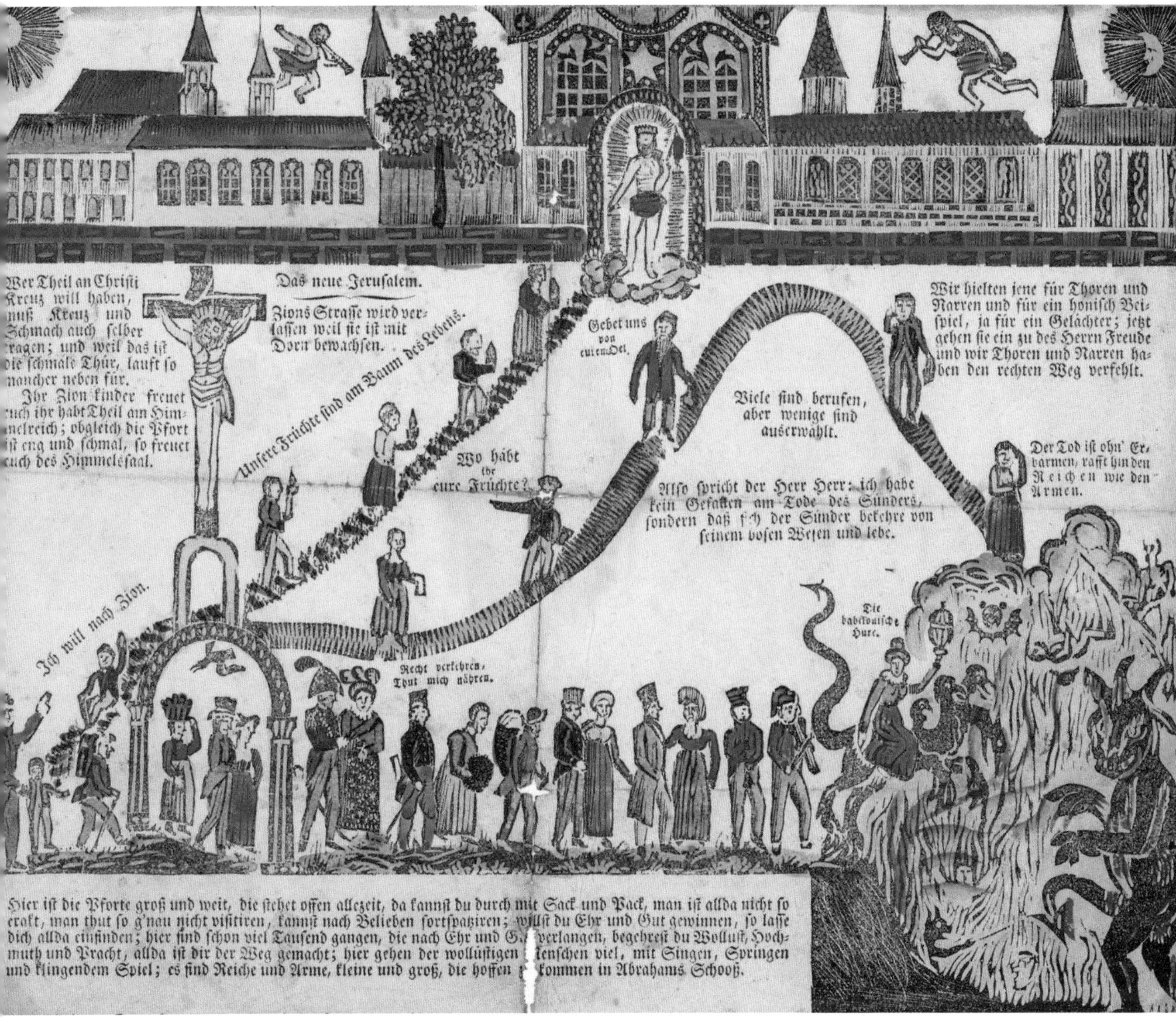

の司祭ジョン・ファーニス(1809〜1865年)なる人物だ。地獄の歴史の中で、「子どもと若者」向けに地獄の拷問を徹底的に描写した著作は後にも先にもこれだけだろう。

真っ赤に焼けたかまどに幼子が入れられている。その泣き声を聞くがよい。火に焼かれながら身体をよじらせる姿を見るがよい。幼子はかまどの天井に頭を打ちつけ、小さな足で床を踏みならす(略)神は慈悲をお与えになった。この子は長じても悪い人間になるだけで、けっして悔悟することはない。ならば地獄

上:キリスト教アーミッシュ派のめずらしい印刷物(1820年頃)。天国と地獄への道が寓話的に描かれている。上部の立派な町は「新エルサレム」。下部では金持ちたちが列をつくって地獄の業火に進んでいく。

The Roads to Heaven and Hell.

Die Wege zum Himmel und zur Hölle.

. . . Come unto me all ye that labour and are heavy laden, and I will give you rest. Mat. 11, 28. . .

Kommt alle her zu mir, die ihr mühselig und beladen seid, ich will euch erquicken. Matth. 11, 28.

で厳しい罰を与えるべきだと、まだ幼いときにこの世から引きあげたのだ。

左ページ:『天国と地獄への道』(1896年)。

現代人も見た地獄の幻視

大衆の意識に染みこんだ地獄観は、受けつがれてきた物語や芸術作品が基盤となって、これ以降大きく変わっていない。それでも創作の源となったさまざまな地獄の概念は、いまも人びとの想像力を刺激する。今日でも、古くさい地獄の幻視や地獄めぐりが、話のなかにとつぜん出てくるのはそのためだろう。「私は気づかないうちに地獄に落ちていた」で始まる、米国人ビル・ウィースの現代版地獄めぐりの本『地獄の23分間』(2006年)の大ヒットがそれを物語っている。

それは1998年11月22日、ありふれた土曜日の夜だった。カリフォルニア南部で不動産業者をしていたウィースは妻とベッドで眠っていた。すると、とつぜん「何の前ぶれもなく身体が宙を飛び(中略)刑務所の独房のようなところにおりた。私は全裸だった(中略)これは夢ではない」。悪臭を放ち、不敬な言葉を話す2匹の獣と遭遇したあと、ウィースはイエスと会い、この経験を伝えるよう命じられたところで、自宅の居間の床の上で悲鳴とともに目を覚ました。

これにはキリスト教徒かどうかに関係なく、誰もが疑いをもった。米国の福音派の雑誌クリスチャニティ・トゥデイのロブ・モルは、地獄の熱さは「生命が維持できる可能性をはるかに超えている」というウィースの記述に対し、地獄なのだからそれはたいした問題ではないと指摘した。ジョン・サザーランドは、英国の高級週刊誌ニュー・ステイツマンへの寄稿で、何十億という魂が責め苦を受けて叫ぶ、果てしない苦悶の声をただ「うるさい」で片づけている点に異を唱えた。この本は批判が多く、ウィース自身が「地獄をじかに体験したかのような」とうっかり話したにもかかわらず、本はよく売れて、ニューヨーク・タイムズ紙のベストセラーリストでは、ペーパーバック・ノンフィクション部門で3週間ランキング入りしている。それにしても、神がこの不動産業者を地獄に送りこんだのは、こんなややこしい騒ぎを起こすためだったのか。いやいや、神の謎多きみわざを知ることなど誰にもできない。

第2章 辺獄、煉獄、中間世界

LIMBO, PURGATORY AND OTHER MIDWORLDS

Midworlds

中間世界

善でも悪でもない中立の場所

西洋では「辺獄」や「煉獄」がよく知られているが、現世を離れたあと、天国と地獄のあいだに中間的な場所が存在するという考えは、世界中の信仰体系に見ることができる。

ゾロアスター教の「ハミスタガン」

その一例がゾロアスター教の「ハミスタガン(中間界)」だ。9世紀のペルシャの高僧マヌーシュヒフルが書いた『宗教裁判』によると、ハミスタガンは「平衡」「静止」といった意味で、生前の善行と悪行が等しい魂がそこでひたすら最後の審判の日を待つという。

ハミスタガンは、罰を受けて火で浄化される場所というより、活気のない待合室のようなもので、その意味でカトリックの煉獄ではなく辺獄に似ている。マヌーシュヒフルによると、死者は現世によく似た世界で生きなおし、より良い行いを実践すれば、「歌の家」という楽園に入ることができる。もともと、ハミスタガンでは何の感覚もないとされていたが、その後になって、現世と同じく冬は寒く夏は暑いという記述が登場している。

イスラム教の「バルザフ」

イスラム教で中間世界に相当するのは「バルザフ」だろう。障壁、妨害物といった意味で、現世と復活後の世界のあいだに存在する暫定的な状態のことだ。そこで罪人は罰を受け、徳のある者は慰安される(子どもは無垢なので天国に直行し、イブラーヒームの愛を受け

られる)。コーランの中でバルザフに言及しているのは3カ所だけであり、さらに1カ所だけがこの世と天国の境界であると明記している(残り2カ所は塩水である現世と、来世の甘い水のあいだに横たわる地峡という隠喩で表現されている)。そのためバルザフは学者のあいだでも評価が分かれ、完全に無視されることもある。

中世のイスラム神学者イブン・カイイム(1292〜1350年)はバルザフを発展させ、ここに来た死者の魂は清廉さの度合いによって分類されると考えた。イスラム支配下のイベリア半島、アンダルシアで活躍した神秘主義者のイブン・アラビー(1165〜1240年)はバルザフをとくに重要視し、たんなる境界地ではなく、物質世界と霊的世界のあいだにある不可欠な架け橋であり、バルザフがなければどちらの世界も存在しないと述べている。

チベット仏教の「バルドゥ」

輪廻思想をもつ仏教では、ブッダの死後に「バルドゥ(中陰、中有とも)」という言葉が使われるようになった。これは死んでから転生するまでの中間段階で、キリスト教の辺獄とよく比較される。とくにチベット仏教ではバルドゥが重要視され、『チベット死者の書』とも呼ばれる経典『バルドゥ・トドゥル』に詳しい。この経典の成立は8世紀で、チベット仏教最古のニンマ派の開祖で第2のブッダと崇められるパドマサンバヴァが編んだという。

左ページと右:1500〜1600年頃にペルシャでつくられた守護祈願用の鎖かたびら。環のひとつひとつに、アッラーとシーア派の5名の指導者(ムハンマド、アリー、ファーティマ、ハサン、フサイン)の名が刻印されている。この5人はパンジタン(5人組)、アフル・アル=キサ(外套の人びと)とも呼ばれる。

『バルドゥ・トドゥル』は、死の「徴候（しるし）」を見きわめ、それぞれの段階で解脱（げだつ）する方法が書かれた指南書だ。一般に死者の耳元で死者に対して唱えるものと思われているが、実際は生者が読むための経典だ。生者が死後世界を具体的に思いえがき、臨終から再生までの最大49日間を乗りきるための手びきなのである。

『バルドゥ・トドゥル』では臨終後のバルドゥを3つの段階に分けている。最初のチカエ・バルドゥは死の瞬間のバルドゥで、「実体の光明」を覚（さと）って解脱するか、もしくはそれに近いことを体験する。ここで解脱できなかったら、次は自分の意識の本質が現れるチョエニ・バルドゥが現出し、さまざまな仏が現れて解脱に導く。それでも解脱できなかったら、最後が再生のシパ・バルドゥで、忌まわしい怪物から情熱的にからみあう男女まで、当人の業（カルマ）に応じた幻覚を見る。バルドゥはほかにも3つあり、覚醒して意識のある状態、瞑想の状態、正常な睡眠中に夢を見ている状態を加えて、人間の意識状態を6つに分けている。

右ページ：チョエニ・バルドゥに現れる寂静尊（じゃくせいそん）の神々と忿怒尊（ふんぬそん）の神々を描いた18世紀のチベット絵画。

古代ギリシャの「アスフォデルの原」

辺獄と煉獄の概念がまだなかった古典期の西欧では、代表的な中間世界はギリシャ神話に登場する。ホメロスが『オデュッセイア』で言及した「アスフォデル（極楽百合）の原」で、死後世界ハデスの一部である。死後の楽園エリュシオンに入るには徳が足りず、かといって恐ろしいタルタロス行きになるほど罪ぶかくもない者がアスフォデルへと向かう。

『オデュッセイア』でアスフォデルの原は「死者の魂が住まうところ」（第24歌11節）と記されている。アスフォデルは花の名前であることから、古代ギリシャの詩やその注釈では、緑ゆたかな天国のような至福の場所と考えられてきた。ルネサンス後の英国の詩人アレクサンダー・ポープ（1688～1744年）も「アスフォデルが咲きみだれる黄色い草原に幸せな魂が集う」と書いている。ところが『オデュッセイア』でアスフォデルが出てくる3カ所（第11歌539節、573節、第24歌13節）を見ると、どれも不気味な描写だ。漆黒の闇が深すぎて太陽の光は届かず、陰鬱で、死者の青ざめた魂が泣きさけびながらあてどもなくさまよい、存在は影や夢のようにはかない。そこはまぎれもなくハデスの一部なのだ。

Limbo

辺獄

天国に入る前の待合室

ローマ・カトリック神学では、地獄の端に「辺獄」という場所または状態があるとされ、「リンボ（ラテン語で境界を意味するlimbusに由来）」とも呼ばれる。ただし聖書には辺獄についての記載はなく、1992年にローマ教皇ヨハネ・パウロ2世が公布したカトリック教会のカテキズム（教理をわかりやすく説明した公式の書簡）にも言及はない。辺獄は中世のヨーロッパにおいて、聖書の解釈や推論から生まれた概念だ。「原罪」を負ったまま世を去った者（洗礼を受けていない者）は神の前に立つことはできない。しかし地獄で永遠の苦痛を与えることも、慈しみぶかい神の意思に反するという考えから、辺獄が考えだされたのである。

「赤子の辺獄」と「父祖の辺獄」

こうした経緯から、辺獄は「赤子の辺獄（リンブス・インファントゥム）」と「父祖の辺獄（リンブス・パルトゥム）」の2つの領域に分けられている。前者は、聖書にわずかに記述されているハデスとシェオル（74ページ参照）に拠った、洗礼を受ける前に死んだ赤ん坊の魂を受けいれるところだ。原罪は負ったままだが、罪ぶかいことを何もしていない不運な赤ん坊に、公正なる神が永遠の苦しみをお与えになるはずがない。だから地獄とは別の場所が必要だった。ローマ帝国時代の神学者で大きな影響力をもっていた聖アウグスティヌス（354～430年）も、「洗礼を受けることなく肉体を離れた幼児は、罪がごく軽い」と述べている。

中世初期キリスト教の教理形成に貢献し、ラテン教父と呼ばれる聖職者たちの多く、たとえば聖ヒエロニムス（347年頃～420年）、ヴィエンヌのアウィトゥス（470年頃～518年前後）、ローマ教皇グレゴリウス1世（540年頃～604年）なども見解は一致していた。赤子の辺獄は無垢な魂の一時的な居場所に過ぎず、いずれ魂は天国に行って保護されることが望まれたのだ。

一方、「父祖の辺獄」は、犯した罪に関係なく神の覚えめでたい者の魂がさまようところで、イエス・キリストによる「贖罪（しょくざい）」で救われれば天国に入ることができる。ここもまた旧約聖書の地下世界ハデスの一部であり、旧約聖書の時代の父祖たちがキリストの到来、つまり磔刑（たっけい）で死んだキリストが地獄へ降下してくるのを待

上：スペインの画家バルトロメ・ベルメホ（1440年頃～1500年頃）が描いた「キリストの辺獄降下」。4枚組の祭壇画のひとつ。

っている。なぜなら、「ヨハネによる福音書」14章6節でキリスト自らが「わたしは道であり、真理であり、命である。わたしを通らなければ、だれも父のもとに行くことができない」と述べているように、キリストの贖罪が天国に行く唯一の方法だからだ。そして現代では、辺獄とは「天国の待合室」というのが一般的な認識になっている。天使に導かれアブラハムの懐（ふところ）にいる貧乏人ラザロを見て、地獄に落ちた金持ちが心を乱す（「ルカによる福音書」16章22～25節）といった福音書の寓話も背景にあるだろう。

ここに登場する「アブラハムの懐」は、1世紀から魂が天国入り

上：ヒエロニムス・ボスの弟子作「辺獄のキリスト」(1575年頃)。

を待つ一時的な場所と解釈されており、ローマ・カトリック教会と東方正教会もそれを踏襲した(ただしここでも「辺獄」という言葉は使われていない)。キリスト以前に死んだ者が、救いを待つ場所があってしかるべし。そんな考えが生まれるのも当然で、初期キリスト教の神学者アレクサンドリアのクレメンス(150年頃〜215年頃)もこう書いている。「これらの者たちが裁きもなく断罪され、(キリストの)再臨後に生きた者だけが神の正義の恩恵を受けるのは正当ではない」

ダンテの辺獄

ダンテ『神曲』の「地獄篇」では、辺獄はいちばん最初の第一圏だが、それ以降の圏のような暴力的で恐ろしい場面はない。ダンテの案内役であるウェルギリウスが暮らすのは、ここにそびえる美しく輝かしい城だ。城は7つの高い壁と濠(ほり)に囲まれ、「エメラルドのような緑の」草原が眼下に広がる。辺獄にはキリスト以前の古代の偉人たち、ヘクトール、ユリウス・カエサル、ウェルギリウス、エレクトラ、オルペウス、さらにはサラディンやイブン・ルシュドといったイスラム教徒までいた。平地に広がる森は「暗く深くもうろ

左：ギュスターヴ・ドレが描いたダンテ「地獄篇」の挿絵（第4歌「有徳の異教徒たち」）。「我らは失われ、罰を受けてきた／望みはないのに、願いをかけて生きている」

うと」している。ダンテは最初、谷間に響きわたる音を苦悶のうめき声だと思ったが、じつは「どこまでも広がる赤子と女と男の集団が発する」悲痛なため息だった。周囲を満たす悲哀がダンテの心にしみわたる。「それを聞いて深い悲しみが私の心を押しつぶした。私も知っている優秀な男女が、この辺獄に留めおかれているのだから」

私たちが思いえがく辺獄の光景は、例によってダンテがつくりだしたものだ。現代のカトリックでは、辺獄は完全に否定されている。ローマ教皇庁の諮問組織である国際神学委員会は、3年にわたる精査の結果、2007年に「辺獄は救済を不当に狭める概念」であると結論づけた。

下：イタリアの画家で版画家のアンドレア・マンテーニャ（1431〜1506年）による「キリストの辺獄降下」。

Purgatory

煉獄

罪を浄化する場所

イタリアには死後世界マニアが心惹かれる史跡がたくさんあり、ことに小さいところほど見ごたえがある。「煉獄」の魂に祈りを捧げるための教会もめずらしくなく、そのひとつが、ナポリ中心部にあるサンタ・マリア・デッレ・アニメ・デル・プルガトリオ・アド・アルコ教会だ。1638年に建てられたこの教会は、1656年にローマとナポリで黒死病の嵐が吹きあれたとき、地下室に死体が山積みになった。正しい方法で埋葬されなかった死者たちは、煉獄から永遠に抜けだすことはできない。この教会では、そんな哀れな魂を慰める儀式がいまも行われている。

炎の中間世界

ローマにある煉獄博物館も個性的な施設だ。サクロ・クオーレ・デル・スッフラジョ教会の聖具室に設けられたささやかな「博物館」で、死後の行く末を気に病む善男善女のために、煉獄の魂が実際に触れたという品々を展示している。礼拝堂が火災に遭ったとき、鎮火後に祭壇の柱に人間の顔のような焦げ跡ができているのをヴィクトル・ジュエトという司祭が見つけた。これは煉獄から生者に警告を発している死者の顔で、煉獄の魂が天国に行けるよう祈りを求めているのだ。ジュエトはそう解釈してこの博物館をつくった（礼拝堂の再建費用と結びつけるのはひねくれ者の発想だ）。博物館には、その後ジュエトが収集した品々も展示されている。たとえ

下：ローマにある煉獄博物館は、煉獄の魂が触れたという焦げ跡のついた品々を多数所蔵する。

左：ヴェンセスラウス・ホラー（1607〜1677年）が1654年に描いた、聖パトリックの煉獄の地図。

ばマリア・ザガンティという女性の祈祷書には、1871年に故パルミラ・ラステッリの指3本の焦げ跡が浮かびあがった。エリンゲン聖堂区の信者マルゲリーテ・デメルレが持っていた本にも同様の跡がついている。これは1815年、彼女の義理の母親が死後30年もたってから本に残したものだという。

人は誰しも、慈悲に満ちた公正な世界があることを願っている。この普遍的な欲求に応えることが、古来多くの宗教や文化の重要な課題だった。キリスト教（主にカトリック）が出した答えは「煉獄」である。常習的に罪を犯すわけではないが、完全無欠の聖人でもない平均的な人が、地獄に行くほどでもない軽罪を浄化する「第3の場所」が必要だった。その場所で過去の悪い行いの赦（ゆる）しを得て罪を軽減してもらい、完璧なる天国に入るにふさわしい、汚れを落とした清らかな姿になるのだ。ユダヤ教の地下世界シェオル（74ページ参照）とはちがい、炎の中間世界である煉獄において、死者は（浄化のために）火と氷による厳しい試練を受ける。場合によっては、生きているうちに祈りを捧げてもらうことで立場が改善して、責め苦がやわらいだり、期間が短縮されたりする。

「煉獄」の起源

浄化の火の起源は、ユダヤ教、キリスト教ともに原初の時代までさかのぼる。ただし死後世界の歴史にくわしい中世史家ジャック・ル・ゴフ（1924〜2014年）によると、西欧に煉獄の概念が出現したのは12世紀末で、定着したのは次の世紀に入ってからだという。聖書にその記述はないため、煉獄なる状態が存在するか否かは、キリスト教でも宗派によって意見が分かれるところだ。プロテスタントは一貫して煉獄の可能性を否定してきた。一方、カトリック教会は、「神の慈悲と友情を受けて死んだが、浄化が不完全だった者」は、煉獄で浄化の段階を経ることで「天国に入るのに必要な聖性を得られる」としている。ただし死者のために祈り、供物をささげる行為は教会組織ができたときから実践されており、「マカバイ記二」12章41〜46節では、ユダヤの英雄ユダ・マカバイが戦死した兵のために寺院で供犠してほしいと、エルサレムに金を送っている（マカバイ記は、カトリックでは「一」と「二」を正典、プロテスタントでは外典とされている）。

天国はあまりに遠いが、煉獄ならば生者は気安く死者と接触で

下：イタリアの画家ジョヴァンニ・ベッリーニによる「聖なる寓意」（1490年頃）。煉獄の描写と解釈されているが、完全には解明されていない。

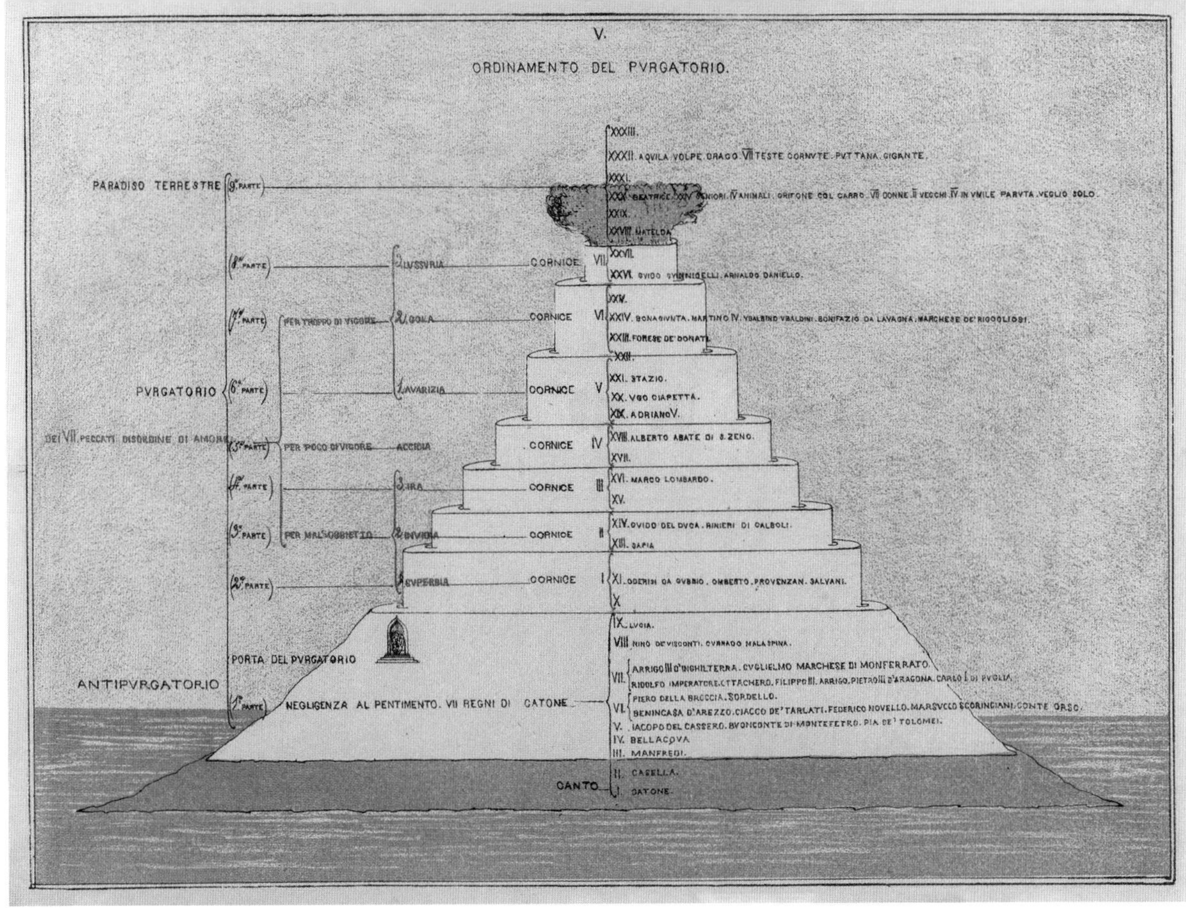

上：ミケランジェロ・カエターニがダンテの記述に基づいて作成した「煉獄の階層」(1855年)。

きそうだし、死者の地獄行きを避けられる望みも与えてくれる。フランスの作家で政治家のフランソワ=ルネ・シャトーブリアン(1768〜1848年)は、「詩の世界では、未来を示す煉獄は天国や地獄をしのぐ」と書いている。もっとも、魂がどこに留まって試練を受けるのかが示されたのは12世紀末になってからだった。

浄化の必要性

ローマ帝国時代の神学者、聖アウグスティヌス(354〜430年)は、こうした浄化工程の必要性を確信しきれていなかったが、自著『神の国』21巻26章でしぶしぶ存在を認めている。1145年にローマ・カトリック教会の枢機卿から大法官に就任したロバート・プーレン(1080年頃〜1146年頃)は、自著『格言』の中で、「地獄は場所である」と最初に明言しつつも、「煉獄の炎」が存在する場所については当惑を隠せない。「それは天国にあるのか、地獄にあるのか？ 天国は激しい苦痛を与える場所として適当ではなく、今日にあっては、責め苦も矯正させるうえで適切には思えない(略)死んだあとに罪をつぐないたい者はどこに行くのか。煉獄のような場所だ。それはどこにある？ 私はまだ知らない(略)」

1228年から死ぬまでパリ司教を務めたオーヴェルニュのギヨーム(1180または1190〜1249年)は、大著『知恵の形式による神についての教え』の中で、浄化は「明白な事実」であり、そのための場所が必要だと述べている。なぜなら「剣や窒息、過度の苦しみ」で悔悛のいとまもなく急死する者がいるからだ。それに、すべての罪が同等ではなく、殺人や盗みに対する罰と、大笑いや飲食にふけるといった軽微な罪を犯したものの、それ以外は純粋な魂が受ける罰が同じであっていいはずがない。そうした魂には、天国に入る前に微罪をつぐなう場所が必要だ。したがって煉獄が存在することは疑問の余地がなく、しかも微罪はありふれているから、煉獄は地獄よりもはるかに混みあっていると示唆している。さらにギヨームは、煉獄の火はさまざまな形で出現すると解説する。シチリアには毛髪を焼かずに燐光を発する火があるというし、サラマンダーのように火中に生息する動物もいるというのだから、微罪を浄化してくれる穏やかな火を神が創造したことは充分に考えられるのだ。

ローマ教皇グレゴリウス1世(540年頃〜604年)は、浄化は罪が発生した場所で行われるといくつかの挿話の中で示唆している。英国の聖ベーダ(673年頃〜735年)は、浄化の場は天国に近い山にあると主張した。ほかにも、地下のどこか、あるいは地獄の上部と見解が分かれている。それでも、煉獄では、ゲヘナ(74ページ参照)の業火(ごうか)とはちがう種類の火が燃えている点では意見が一致していた。

上:ウーゴ・フォスコロ著『ダンテ・アリギエーリの神曲』(1825年)より、煉獄山の挿絵。

社会に浸透する「煉獄」

ともかく煉獄の教えは絶大で、中世後期のキリスト教信仰の形を大きく変えた。教会建築にも影響を与え、数々の傑作が生まれた。金持ちは惜しみなく献金を繰りかえしては、頻繁にミサをあげてもらった。ほかの信徒たちが自分のために祈ることで、煉獄を無事に通過して天国に入りやすくなるからだ。

英国では、1415年のアジャンクールの戦いで死んだ兵士たちに祈りを捧げるために、オックスフォード大学にオール・ソウルズ・カレッジが設立された。ジャック・ル・ゴフは著書『煉獄の誕生』の中でこう書いている。「教会にしてみれば、権力をふるう願ってもない道具だった! 煉獄は教会に新しい霊力を授けただけでなく、莫大な利益ももたらした(略)その多くは新たな教義を広める托鉢修道会に渡った。さらに、『地獄』を軸にした免償制度が、煉獄のおかげでいっそう強固になったのだ」

1444〜1450年頃につくられた装飾写本の一部。
最上：煉獄の門をくぐろうとするダンテとウェルギリウス。
上：ローマ教皇ハドリアヌス5世、ダンテとウェルギリウス、ユーグ・カペー（カペー朝を開いたフランス王）、スタティウス（古代ローマの詩人）が描かれている。

16世紀に入り、カトリックとプロテスタントの対立が激しさを増した英国では、カトリックは聖書に出てこない「捏造した世界」の煉獄を信じていると非難された。この論争でにわかに注目されたのが、アイルランドのダーグ湖に浮かぶ小島にある、「聖パトリックの煉獄」と呼ばれるカトリックの巡礼地だ。伝説によると、聖パトリック（387年頃〜461年）はダーグ川で踏み石とまちがえてサケに乗ってしまい、そのまま島に渡った。島の洞窟で四旬節の断食をやりとげた彼は、土曜日ごとに7人の魂を地獄から救いだす力を得たという。こうして、この場所は煉獄の入口と信じられるようになった。12世紀には巡礼者が島に渡って洞窟にこもり、翌朝出てきて、罰と炎と悪魔の恐ろしい幻視を語るのが伝統になった。

上：装飾写本『ベリー公のいとも豪華なる時祷書』（15世紀）に描かれた煉獄。ジャン・コロンブ作。魂は責め苦を受けながら浄化され、最後に天使にともなわれて天国へ向かう。

エリザベス朝（1558～1603年）以降、歴代政府はこの巡礼地を閉鎖しようと試みたが、いずれも失敗に終わった。聖パトリックの煉獄の最も古い記録は1185年で、15世紀以降はヨーロッパの地図にも記されるようになった。世界初の地球儀をつくったマルティン・ベハイムが1492年に作成した世界地図では、アイルランドを示す唯一の目印がこの島だ。1654年にはヴェンセスラウス・ホラーがこの島の地図を作成し、巡礼者が足を止めて祈りを捧げる場所（ステーション）をいくつも書きこんでいる。この島が地元でステーション島と呼ばれるのはそのためだ。

12世紀末に煉獄の概念が出現してから100年後、ダンテの

上：ウィリアム・ブレイク作「ダンテに呼びかけるベアトリーチェ」。「煉獄篇」第29歌の情景を描いている。場所は地上の楽園がある煉獄山山頂、あるいはエデンの園である。ベアトリーチェは怪物グリュプスが引く「勝利の戦車」に乗っている。

『神曲』が書かれた。煉獄は地獄と同様、この天才詩人の描写を通じて浸透し、大衆の記憶に根をおろしていった。ダンテは『神曲』の第2巻「煉獄篇」で、煉獄の細部の断片をみごとに調和させ、ル・ゴフは「人間の頭がこしらえた最も高貴な煉獄像」をつくりあげたと称えている。悔いあらためたキリスト教徒の人生を象徴するように、主人公ダンテは南半球で唯一の陸地である煉獄山を登る。案内役はまだ古代ローマの詩人ウェルギリウスだ（「煉獄篇」の最後の4歌でベアトリーチェに交代する）。地獄も煉獄山も、天国からサタンが墜落した衝撃でできたという。ダンテは、「7つの大罪」に対応する試練と苦難の階層を登っていき、3月30日水曜日（グレゴリオ暦では4月13日）の正午、ついに山頂にある地上の楽園へと到達する。

現代の煉獄

現在の英国国教会は「煉獄に関するローマ・カトリックの教義」を否定しているが、東方正教会、東方諸教会、および一部の聖公会、ルーテル教会、メソジスト教会は、死者のための祈りを通じて、何らかの形で浄化が行われることを容認している。カトリック教会では煉獄はいまも重要な概念のひとつだが、ヨハネ・パウロ2世とベネディクト16世は、「煉獄」は場所ではなく状態であり、教義ではその所在や、浄化の具体的な方法に言及していないと明言している。詳細は各自にまかせるということだ。

第3章｜天国、楽園、理想郷
HEAVENS, PARADISES AND UTOPIAS

死後は喜びに満ちた安らかな世界で過ごしたい。そんな願望は、地獄は熱いという先入観と同じくらい根元的だ。ところが、「天国」、「楽園」、「理想郷」がある場所は、地獄にくらべると漠然としている。地獄を見つけたければ下を探せばよい。地獄や地下世界の特徴は現世と重なる部分が多く、現実感がある。火山を見れば、地球の奥ふかくに火が燃えさかっていることがわかるし、洞窟はいかにも地獄の入口に思える。一方、天国や楽園は、「どこかよその場所」という感覚が強い。完璧すぎてかえって明確さを欠き、まばゆい光で細部が見えない。時間が生まれる前や後、もしくは時間を超えたところで、はるか遠くの王国、大海原を越えた先にある島、到達できない天空の向こうに存在している。

けれども、細部がわからないがゆえに、天国はかえって社会を映す鏡になっている。その点は地獄と同じだ。米国モンタナ州の先住民で、優れた狩人であるアーニニンの人々は、死後はビッグサンドというところで思うぞんぶん狩りをして、動物の魂を食べて暮らすと信じている。ニューギニアに近いアドミラルティ諸島のひとつ、マヌス島では、死んだあとも生前とそっくりの生活が続く。財産は自分の所有のままだし、職業もそうだ。人類学者レオ・F・フォーチュンは『マヌスの宗教』(1935年)の中で、警察官は死後の世界でも警察官で、ほかの霊から税を徴収すると書いている。ボルネオ島、南カリマンタンのンガジュ・ダヤクの人びとのあいだでは、死ぬと「近所の」レウ・リアウという村に行くことになっている。そこは豊かな土地で、川には魚が、森には獲物がいくらでもいるのだという。

中世ヨーロッパで都市化が進むにつれ、キリスト教では死後の世界における官僚制や自治体が大きな関心事になっていった。各地で建設される大聖堂は、最後の審判で出現するという約束の神の都、新エルサレムに高くそびえる大伽藍そのものだった。だが、まずは農業で栄えていた古代エジプトまでさかのぼろう。人びとは葦が茂る「アアルの野」で永遠の生命を獲得することを夢見ていた。

背景：ルネサンスの巨匠ティントレットが描いた巨大な絵画「天国」（1588年以降制作）の中央部分。ベネツィアのドゥカーレ宮殿を飾る。

古代エジプトのアアル
葦(あし)原が広がる豊かな島々

古代エジプトではもともと、天国は王だけが行くところだった。古代エジプト最古の葬祭文書である『ピラミッド・テキスト』(紀元前2400〜2300年頃)も、王のためだけに使われた呪文だった。死んだあと王は空をのぼり、「星がまたたく天空にその身を浸す(略)不滅の星々に高く引きあげられ、太陽の民が呼びかけてくる」。王はひとつの星となって夜を迎える。「空の東側からオリオンとともにのぼり、オリオンとともに空の西側へとおりることを繰りかえす」。そして太陽神のそばに座し、やがては神々を狩り、食べてしまって、神々をも超越する。「王は天にふたたび姿を現わす。地平線の主

下：ナイル川西岸のデイル・エル=メディナにある古代エジプトの職人セネジェム(紀元前1295年頃〜1213年)の墓に描かれた絵。セネジェムと妻イイネフェルティが葦の原で楽しげに働いている。

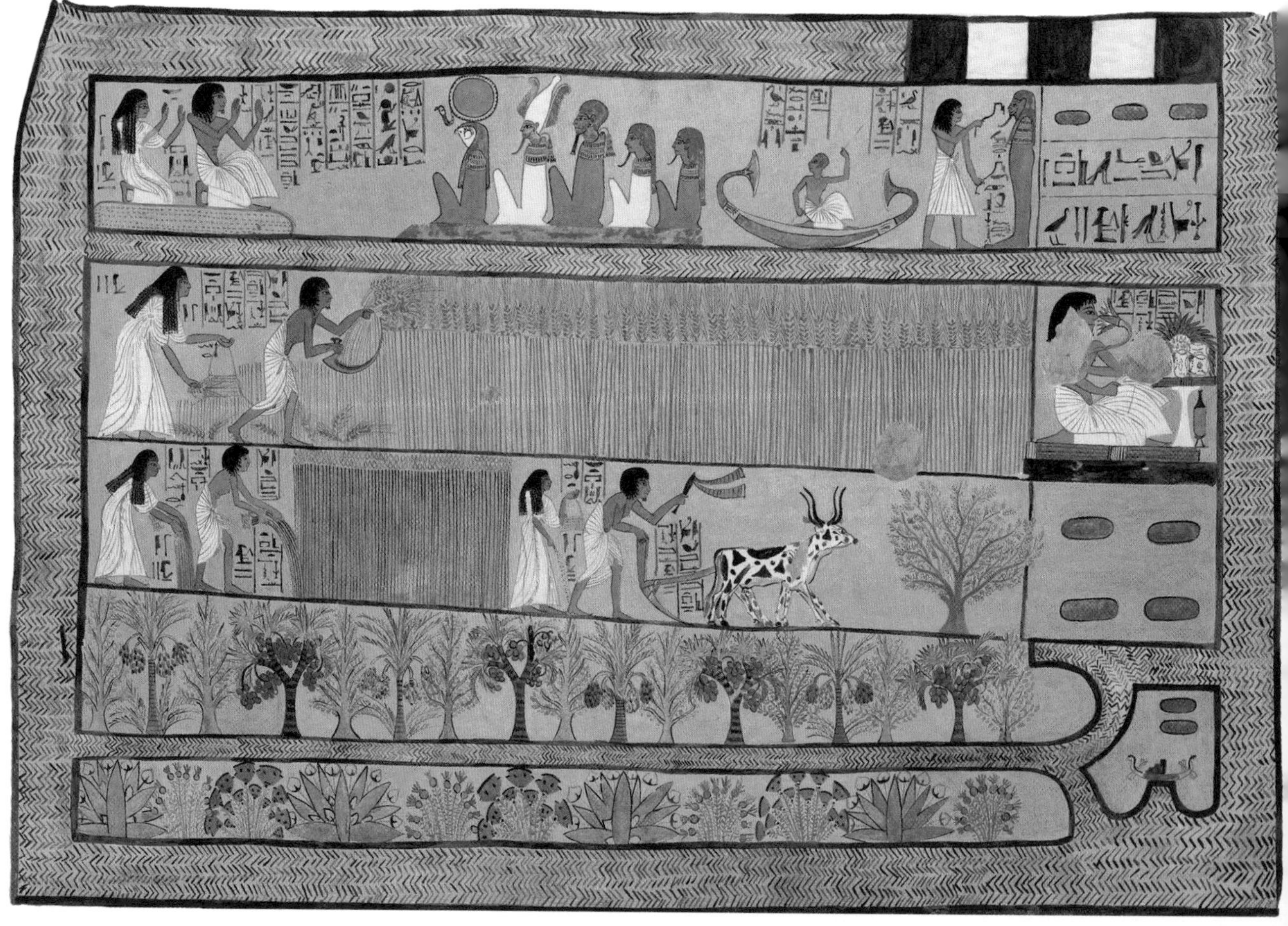

として冠をいただき、神々の背骨を折り、心臓を捕え(略)すべての神の知能を飲みこむ」(『ピラミッド・テキスト』呪文273～274)。

楽園での生活

しかし、時代が下り、『コフィン・テキスト』(紀元前21世紀頃～紀元後4世紀頃)や『死者の書』では、死後の世界は徐々にすべての者に開かれた。死者はまず、「ドゥアト」と呼ばれる地獄に似た地下世界(20～23ページ参照)を通過しなくてはならない。火が燃え、悪霊が待ちかまえる困難を乗りこえて、ようやく「マアト(真理)の大広間」に出る。そこは最終目的地である天国の入口だ。ここでアヌビス神が死者の心臓を天秤にのせ、その者の「良心」の重さを測る。不足と判定されたら、ワニに似た怪物アメミットに食われて存在が消滅する。反対に生前に善行を積み、正しい祈りを唱え、正直に告白した者は、「アアルの野」、または「葦の野」と呼ばれるオシリス神の完璧な国に迎えられる。

上:エジプト、タルカン遺跡の518墓で見つかった約4500年前の亜麻布のボール。早逝したわが子が死後の世界でも遊べるように両親が入れたのだろう。

そこは古代エジプトの善男善女が夢見る楽園だ。水を豊かにたたえ、みずみずしい緑が広がる野原は、現実の日常生活とは正反対だ。アアルは葦におおわれた島々で、太陽がのぼる東方のどこかにあるとされ、現世のナイル川デルタと同じように、葦原で区切られている。狩猟にも農業にも最適で、死者は永遠に飢えることはない。

アアルでは、現世で味わった喜びの多くがそのまま続く。どこまでも青い空が広がり、川で舟遊びも酒も楽しめる。けんかもあれば結婚もする。神や女神たちが住む神殿で礼拝もできる。死者は割りあてられた土地を畑として維持する責任があるが、生前に地主だった者は、農具を持った小像シャブティ(20ページ参照)がいっしょに埋葬されており、代わりに農作業をしてくれる。紀元前1000年頃を過ぎると、怠け者の農夫を打ちすえるために、脱穀用の竿を構えた監督役のシャブティまで登場した。

現世の身分が続くアアル

死後を見こしたあらゆる儀式や呪文は、アアルへの復活が最終目標であり、遺体をミイラにして保存したのも、アアルの至福の

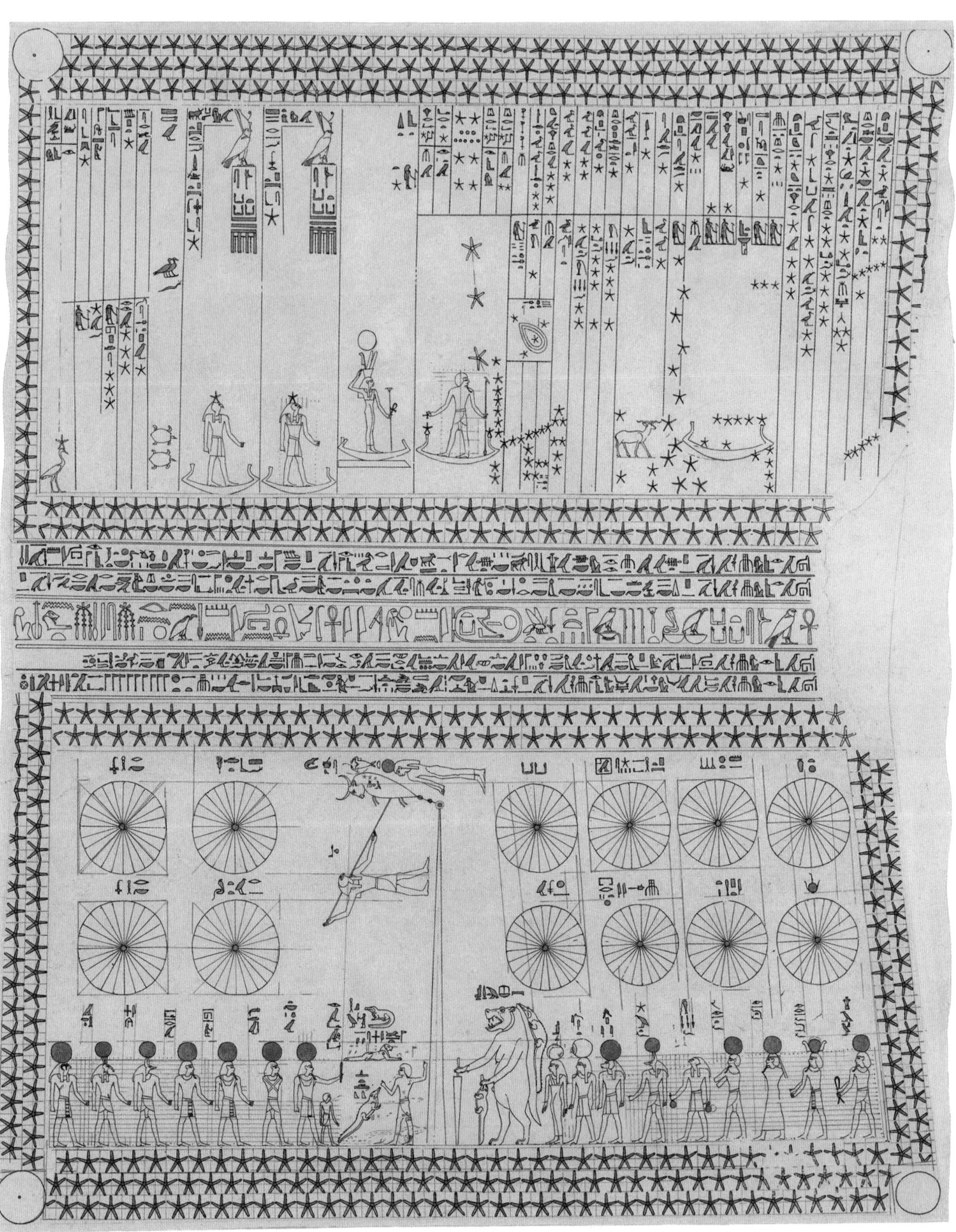

喜びを満喫するためだった。英国のエジプト学者サー・E・A・ウォーリス・バッジは、著書『エジプトの宗教』(1900年)の中で、死後の魂の幸せな様子を記している。「羽根のある鳥を罠で捕まえ、とびきりの肉を食べた。わが父オシリスに会い、母の姿を見つめて、そして愛を交わした(略)天界の域にいざなわれ、地上の事物を創造し、繁栄させると、心に喜びが湧きおこる(略)天界の湖に舟をつないだ(略)決められた言葉を自分の声で唱え、神を賛美した」

まだアアルに入れるのが王だけだったころ、死せる王はハヤブサやガチョウの姿で、ときにはバッタや雲、香の煙に乗って、あるいは太陽光線のきざはしを伝って天にのぼっていくと記されていた。王の墓の上に階段ピラミッド(真正ピラミッドの登場はもっとあとだ)を建設したのも、この太陽光線の階段を模したからだとも言われている(古代エジプトでは何千年にもわたる長い歳月を経るうちに、来世は地下世界であり、天空でもあるという矛盾を含んだ概念ができあがった)。

古代エジプトでは、現世の社会階層や身分は死後世界でもそのまま引きつがれ、王は神になって神格を保ちつづけた。だが、後継者に妨害されることもあった。とくに敵対者が次のファラオになった場合、前のファラオの墓や記念物を傷つけて、楽園行きを阻止した形跡がある。エジプトを治めていたハトシェプスト女王(在位1479～1458年頃)の死後、共同統治していたトトメス3世(在位1479～1425年)が女王の葬祭殿の姿や名前、影像を壊したという説があるが、それも女王の楽園行きを阻止したかったのかもしれない。

時代とともに、死後世界の門戸は王族から一般の民へと徐々に開かれていくが、遺体をミイラにしたり、豪勢な墓をつくったりと、アアル入りを確実にする手段を実行できるのはもちろん金持ちだけだった。

左ページ:古代エジプトの高官で建築家のセンエンムウト(センムトとも呼ばれる)の墓所の天井を飾る天体図。センエンムウトは紀元前1473年頃にハトシェプスト女王に仕えた。星座に関連する神々が描かれている。

古代インドの天国
魂がいっとき楽しむ場所

ヒンドゥー教の地獄は目がくらむほど多種多様だが(32〜39ページ参照)、天国の領域も同様だ。天国も地獄と同じく、死と再生が繰りかえされる壮大な輪廻(りんね)の中で、魂が一時的にとどまる場所とされている。ヒンドゥー教の究極の目標は、キリスト教のように天国に入ることではなく、幾度もの転生を通じて善行を積み、解脱(げだつ)(物質的な苦しみと輪廻の束縛からの解放)して悟りを開き、「唯一の至上の自己であるブラフマン(梵)」とひとつになることだ。

それぞれの神の楽園

ヒンドゥー教の宇宙観は複雑で、高みの領域もひとつではない。いったいどんな世界なのか。ヒンドゥー教の宇宙では時間は無限

左：チベットのカイラス山山頂にあるとされるヒンドゥー教のシヴァ神の楽園。1810年頃作。シヴァ神は美しい伴侶パールヴァティーと合体した姿に描かれることもある。

だ。世界は1劫(カルパ)(ブラフマーの「昼」)、すなわち43億2000年を経ると破壊され、創造神ブラフマーが新しい世界を創出する。これを永遠に繰りかえすという。

宇宙の構造を見ると、ヒンドゥー教の聖典『ブラフマーンダ・プラーナ』、『バーガヴァタ・プラーナ』には、14階層のローカ(世界)で構成された世界が描かれている。これらはそれぞれの神の住居、あるいは存在する領域で区切ったものだ。下の7階層は地下世界パーターラ(32〜39ページ参照)だ。上の7階層は、いちばん下がブール・ローカ(地上世界)で、それより上にある6階層(ヴャーフリティ)は上から順に次のようになっている。

1. サティヤ・ローカ　最高領域
2. タパル・ローカ
3. ジャナ・ローカ
4. マハル・ローカ
5. スヴァルガ・ローカ(インドラ神の楽園)
6. ブヴァル・ローカ、太陽と月の平面

この中で興味ぶかいのは、5番目のスヴァルガ・ローカと、最も高いサティヤ・ローカだ。スヴァルガ・ローカは神々の王インドラ

上:今から2500年前の物語『ラーマーヤナ(ラーマ王子の旅)』の最も美しい本とされる、メーワール版写本(17世紀)より、天国を描いた彩画。ラーマの一行がサラユ川の岸辺に到着し、左下で水に入って天国に上る。

次見開き:同じく『ラーマーヤナ』のメーワール版写本より、ブラフマー神の呪いで眠りこける巨人クンバカルナを描いた幻想的な彩画。クンバカルナを軍勢に引きいれたい悪魔の王ラーヴァナが、大音響を鳴らす、身体を叩く、耳元で叫ぶ、楽器を演奏するなどして、懸命に起こそうとする。

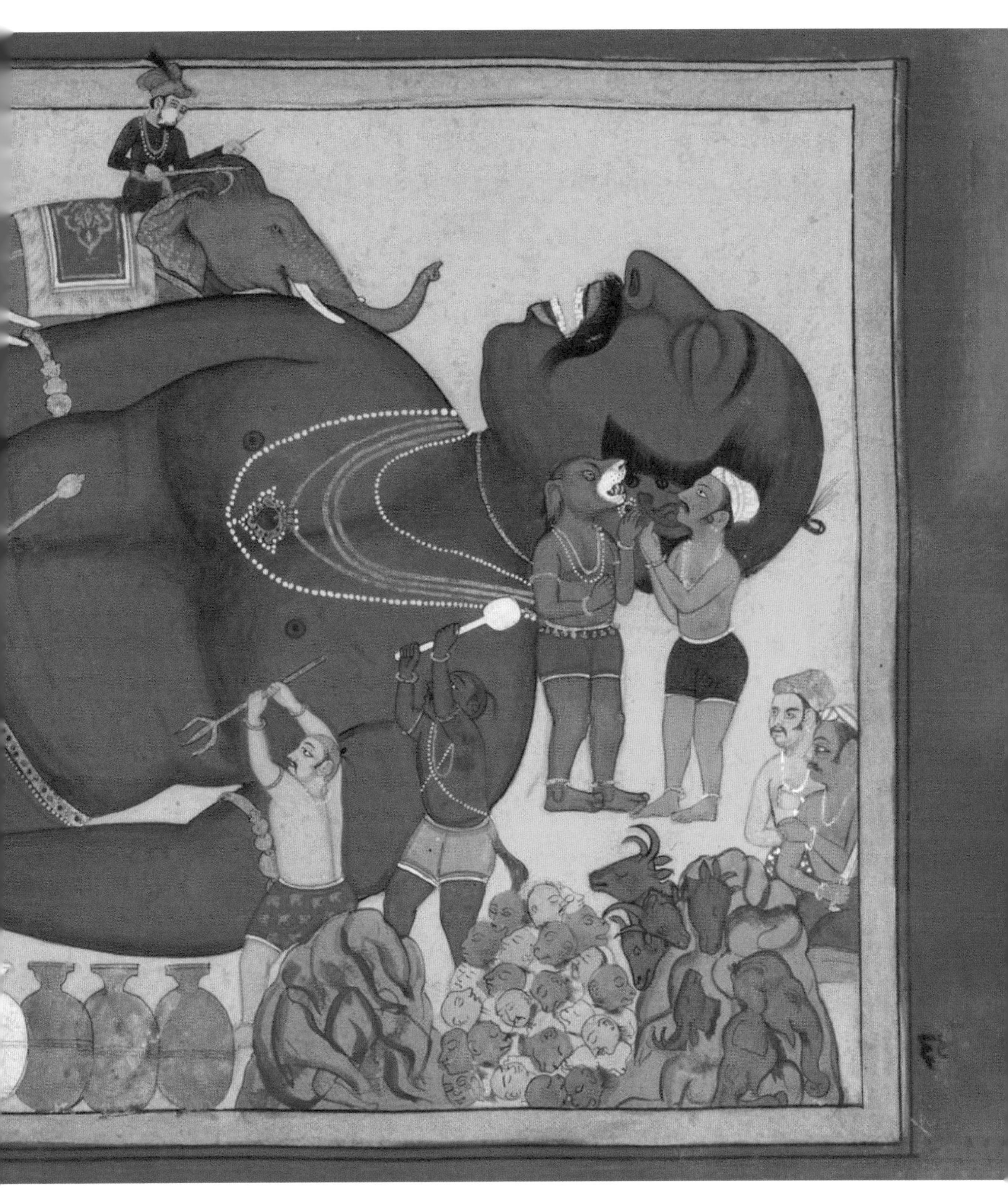

神が支配する世界で、高潔な者が輪廻の中で次に生まれかわる前に、喜びを満喫できる天界だ。雲に覆われたメール山(須弥山)の頂上を仰ぎみれば、そこにこの天の領域が広がっている。ヒンドゥー教では、5つの峰をもつメール山は地上の最高峰で、すべての創造物および恒星と惑星が回転する中心であり、ブラフマーが住まうところだ。ジャイナ教と仏教の宇宙論でもメール山は大切なところで、これらの宗教の主要な寺院では、多層になった屋根の形にその影響が見てとれる。ヒンドゥー教の伝承では、メール山はヒマラヤ山脈の北のどこかにあり、高さは8万4000ヨージャナとされる。換算するとおよそ67万2000マイル(約110万km)、地球の直径の約85倍だ。

インドラ神の「スヴァルガ・ローカ」

途方もなく大きいこの山の頂上に、ほかの天の層に挟まれるようにスヴァルガ・ローカが存在する。ここには、解脱するにはまだ浄化が足りない義者の魂がやってくる。アマラーヴァティーという都では、デーヴァ(超自然的な善意を持つ存在の総称)の王であるインドラ神(仏教の帝釈天)が、宝石で飾られた周囲800マイル(約1300km)、高さ40マイル(約64km)のヴァイジャヤンタ宮殿から統治を行う。ナンダナ園という美しい庭園では、カルパヴリクシャという神聖な木が願いをかなえてくれる。ハイビスカス、バラ、ヒヤシ

上:ヒンドゥー教の神インドラと神妃シャチー(インドラーニーとも)が、鼻が5本ある聖なる白象アイラーヴァタに乗っている。

下:20世紀初頭に出版されたサンスクリット語の叙事詩『マハーバーラタ』の挿絵。アルジュナがスヴァルガ・ローカをめざす。

左：ヒンドゥー教の聖典『バガヴァッド・ギーター』(紀元前200年～紀元後300年)の第11章に描かれたクリシュナ神。ここではクリシュナ神は、ヴィシュヴァールーパ(無限の宇宙の形)の姿で現われ、すべての時と「動くもの、動かぬものの全世界」、「すべての方角」を体現している。

ンス、スイカズラの香りが漂い、甘い音楽が静かに流れている。

立ちならぶ館はすべて黄金で、アーモンドの香りがする。家具も黄金、柱はダイヤモンドだ。設計したのはブラフマー神の息子で建築の神ヴィシュワカルマーである。音楽と踊りと祝祭の日々が続く。アイラーヴァタという聖なる白象、別名「雲の象」が守る門を通った者だけに許される愉楽だ。5本の鼻と10本の牙をもつアイラーヴァタは、インドラ神自身の優秀な戦闘象でもある。

最高神が住む「サティヤ・ローカ」

黄金と象の楽園より何千万ヨージャナも高いところに、サティヤ・ローカ(真実の世界)という最高領域がある。創造神ブラフマー(仏教の梵天)と女神サラスヴァティー(仏教の弁財天)が暮らす広大な花園で、ほかの階層と同様に魂が一時的に滞在する場所でしか

ないが、到達できたら天界の中でいちばん幸福な場所だ。広大なサティヤ・ローカでは神の力に満たされた巨大なハスの花が咲いている。中央にはブラフマーの座所である巨大な宮殿がそびえる。ハスの花はブラフマーと密接な関係にあり、いくつかのプラーナによれば、ブラフマーはヴィシュヌ神のへそから咲いたハスの花から生まれたという。さらに古い文献には、ブラフマーは世界と「ヴェーダ」と人類を生成する前に、ヒラニヤガルバという金色の卵から自ら生まれたとも書かれている。

ヒンドゥー教の宇宙論は長い歳月のあいだに多様な体系が提示され、どこまで探究しても終わりがない。プラーナ文献の各作品ではある程度の宇宙論の記述が必須だが、整然とした言説のほかに、探求心や好奇心から湧きだした考察が随所に見られることも関係しているだろう。新しい発想を即座に却下するのではなく、検討し、手を加え、吸収していく。それでも世界と個々の存在がいかに混和していくかという核心部分は揺るぎない。『バーガヴァタ・プラーナ』(第10巻第87章41節)の作者はこう書いている。「あなた(最高神)は無限であるから、天界の主たちもあなた自身も、あなたの限界に到達することはできない。それぞれが殻に包まれた無数の世界が、時の車輪に突きうごかされて、空中を舞う塵の粒子のように、あなたの中でさまよっているからだ」

左ページ:19世紀初頭、南インドで描かれたブラフマー神と女神サラスヴァティー。ヴァーハナ(神の乗り物)であるハムサ(白鳥)に乗っている。

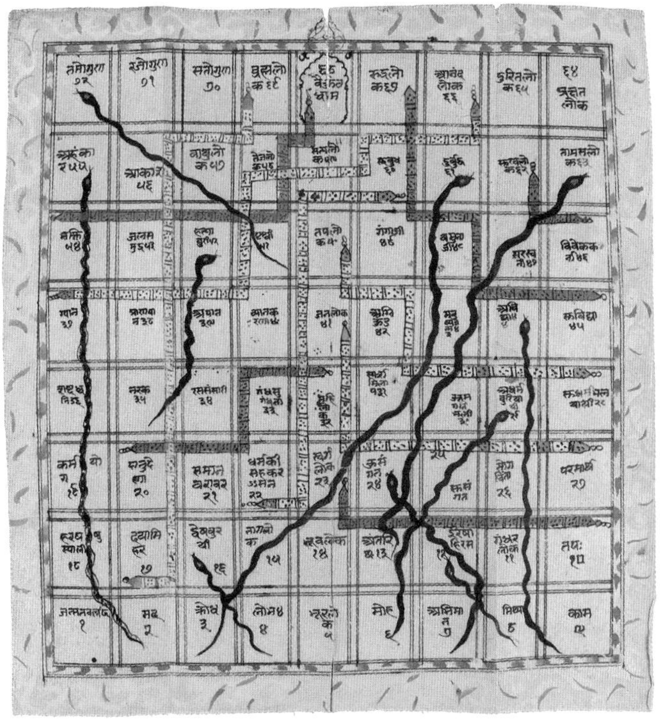

左:古代インドの倫理を学ぶすごろく「ギャーン・バージー(知識のゲーム)」。西洋で「蛇とはしご」と呼ばれるゲームの起源だ。方眼1個に数字とさまざまな善悪が記されている。

Heavens of the East

東洋の天国

道教と仏教の楽園

道教は中国伝統の思想体系で、謙虚で信心ぶかく生き、「道（タオ）」と調和する生き方が重要だと説く。「道」とは自然の秩序や宇宙のふるまいであり、自己と「道」を統合し、一見すると混沌とした状態も含めてひとつになることで完璧を達成することができる。この宗教の起源のひとつとなった道家思想は、少なくとも紀元前4世紀までさかのぼれる。また、人間の体は循環する宇宙を凝縮した小宇宙とされ、人の姿をした神を尊ぶより、あくまで「道」のほうが重要視される。そんな道教にも楽園がある。伝説の崑崙（こんろん）山がそれで、そこに仙人となってたどりつくための方法も示されている。

下：仏教の宇宙観を示した地図2点。日本の浄土宗の学僧、山下存統による。左は「世界大相図」（1821年）。赤と青に塗られた部分が須弥山。緑と黄に塗られた逆三角形の島が人間世界である南閻浮提。右は「閻浮提図附日宮図」（江戸時代）。上半分に、7つの広大な森と7本の川、天照大神の宮、高さ100由旬（約1500km）にもなる巨大な閻浮樹が描かれている。

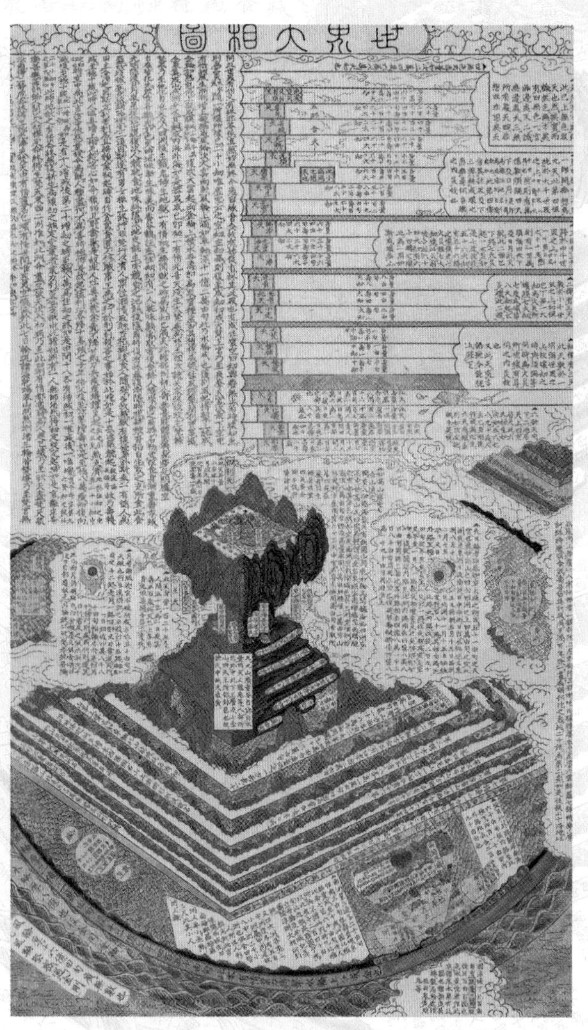

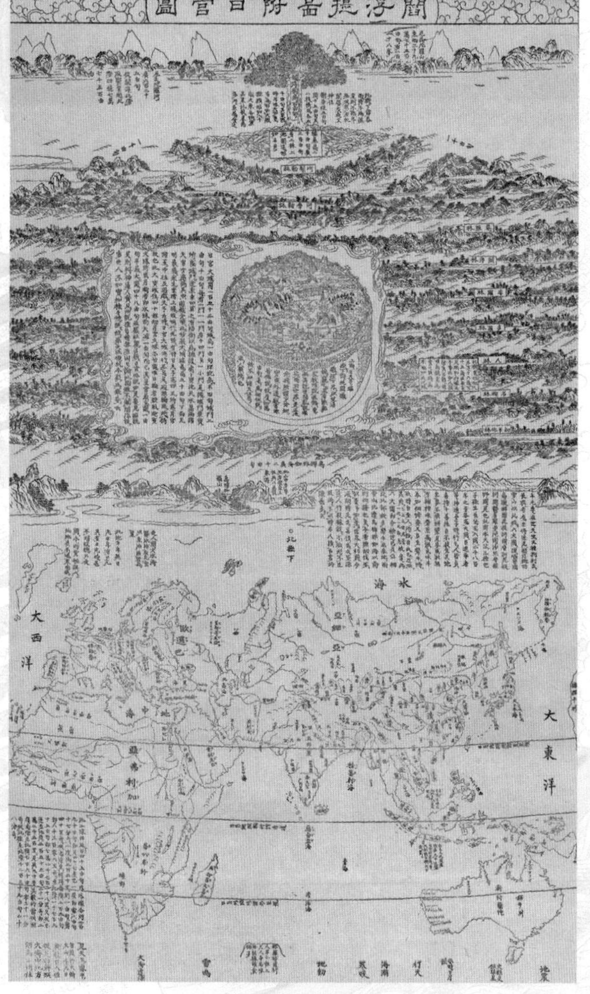

崑崙山を統べる西王母

崑崙山は9つの階層に分かれ、それぞれに修めるべき課題がある。すべての修業を終えて頂上に達すると、そこに永遠の幸福につながる入口がある。木々が永遠に成長を続け、水も涸れることなく流れる楽園では、すぐに「西王母」に庇護される。西王母は、生者と死者のどちらにも繁栄と長寿を授ける力をもつ仙女だ。紀元前4世紀の道家の荘子は「西王母の始まりを知る者はおらず、終わりを知る者もいない」と書いており（つまり不老不死だということ）、これは西王母に関する最古の記述のひとつだ。ある道教の伝説によると、西王母は現世の目をかけた者に秘薬（3000年に1回実る桃だという説もある）を与え、いずれ入る仙界での喜びをいち早く経験させてやるという。

阿弥陀如来がすむ浄土

一方、仏教がめざすのは、解脱して煩悩を消滅させ、涅槃の境地に至って転生を繰りかえす輪廻から解きはなたれることだ。それには貪欲・怒り・愚かさという「三毒」を克服しなければならない。その方法は経文や秘儀を用いたり、チベットの僧院のように厳しい修行を積んだりと宗派によってさまざまだが、ここでは東アジアで広く信仰されている浄土宗について述べる。

浄土宗の場合、涅槃の境地に至るまでの教えは仏教の古い教えそのままだが、解脱した信者の最終目的地は清らかで堕落とは無縁の楽園、すなわち「極楽（浄土）」だ。浄土宗の浄土は西の夕日のはるか向こうにあり、阿弥陀如来が住んでいる。仏教経典『般舟三昧経』の中で阿弥陀如来はこう説いている。「私の国に生まれかわりたいのなら、私の名を心の中で幾度も唱え、私の教えをつねに頭の中に留めておけば、生まれかわることができるであろう」

浄土宗で大きな柱となる教典『無量寿経』には、浄土は野原がどこまでも広がる豊かな場所で、山はなく、多くの神々と人間が集い、花が咲き果実が実り、芳香が漂い、鳥が妙なる声で鳴いていると描写している。「風が吹くと花が散って地面を埋めつくす。優美な色と強い芳香をもつ花は色ごとに集まり、混ざることはない。足を踏みこめば四指の幅まで沈む。足を上げると花びらは元の形と位置に戻る」

黄金の砂地を流れる川は、ところによって幅が50マイル（約80km）ほどもあり、水に入ると、ただちに心地よい温度に変わる。

上：チベット仏教で使われるヤントラ（18世紀）。人間の皮膚をはがして広げ、そこに神々を象徴する図形を描くという図案で、加護を求める儀式で使われた。皮膚を題材にしたのは、呪文を慎重に用いるようにといういましめだ。

次ページ：仏教の守護尊、大威徳明王の精緻な刺繍仏画。15世紀初頭の中国でつくられたもの。

左：ミャンマーの仏教における現世と天国の階層構造。下から、地獄の4つの領域、現世、ルビー色の台座に載っているメール山、そして階層状の天国となっている。サー・リチャード・カーナック・テンプル著『三七の神々』(1906年)より。

下：インドからミャンマーに伝わった、魂の進化を説く衆生の概念図。左下の黄泉の国の邪悪な魂から始まり、最後は右上の物質を超越した世界に入って解脱を待つ。『三七の神々』より。

上：阿弥陀如来の浄土を表した当麻曼荼羅（たいままんだら）。日本で1750年につくられたもの。浄土が、黄金の池に浮かぶ広大な御殿として描かれている。

川岸には金、銀、瑠璃（るり）、水晶、琥珀（こはく）、赤真珠、瑪瑙（めのう）でできた木が立ちならぶ。それは地上で見つかるどんな宝石よりも貴重で、芳香を放ち、幾千もの異なる色に輝いている。7種の宝石の幹をもつバショウやヤシが生えているところもあり、やはり7種の宝石でできたハスの花が国土を覆っている。

現世を逃れ、極楽浄土に往生して輪廻から脱却できるのは、阿弥陀如来の救済の力を心から信じる者だ。ただしこの楽園は最終目的地というより、さらに高い次元にのぼるための中継地点でもある。浄土に入った者は、欲望からの自由、無私、静穏、止観の教えを望むがままに聞くことができ、それによって最終的な悟りを開き、自己を解脱の境地へと押しあげることができる。

左：蓬莱（ほうらい）山は渤海（ぼっかい）の東の果てにあるという伝説の楽園で、ほかの島々とともに五神山と呼ばれた。紀元前219年、秦の始皇帝は蓬莱にある不老不死の霊薬を見つけるよう命じた。

ギリシャとローマ
——黄金時代、エリュシオン、幸福諸島

ギリシャ神話の極楽

伝説の楽園への思いが断ちがたいヨーロッパの地図製作者たちは、海の向こうにエデンの園を描かずにはいられなかったが（218〜225ページ参照）、それ以前に古代ギリシャ・ローマでも、無限の幸福に満ちていた遠い神話の時代を「黄金時代」と呼んであこがれていた。オウィディウス（紀元前43年〜紀元後17年）、ヘシオドス（紀元前750〜650年頃）、プラトン（紀元前427〜347年）などの一流の知性が、神がすべてを創造していた完璧な時代を抒情的に表現し、手ばなしで賛美している。そこはゼウスの父であるクロノス神が治め、男は働く必要がなく、女も子どもを産む必要がない。裸で過ごせる快適な気候を満喫しながら、のんびり過ごしていた。プラトンによると、人間は徳が高く、自らの責任を果たしていたから、神々から直接対話ができる存在として一目置かれていたという。自然の力は満ちあふれ、耕さなくても豊かな実りが約束されていた。

下：ルーカス・クラナッハ（父）作「黄金時代」。この絵の左上に続く部分に描かれた要塞のような建物は、ザクセン選帝侯フリードリヒ3世の居城ハルテンフェルス城だと思われる。雇い主である選帝侯のもとに新しい黄金時代が開かれるという、クラナッハのご機嫌とりだろう。

上：アントニオ・テンペスタ作「黄金時代」(1599年)。

知識人があこがれた黄金時代

黄金時代には法律も懲罰も不要だった、とオウィディウスは『変身物語』で書いている。誰に命じられるでもなく、正しいことしか実行しないからだ。何だって！ 国々のあいだにいさかいの気配もなく、永遠の春に自然は生命を謳歌し、川には乳と蜜が流れている。死は眠りにつくのと大差なく、恐ろしいことではない。黄金時代に世界を治めていたのはクロノスとティターン十二神で、その後、ゼウスとオリュンポス十二神が取って代わった。古代ギリシャの詩人ヘシオドスによると、この時代の人間は黄金の族で、その後、白銀の族、青銅の族と移りかわり、トロイア戦争の傑出した英雄たちは第四世代に当たるという。

だが、そんな原初の時代も遠い昔であり、失われて久しい。古代のギリシャ人やローマ人は考えた。あの時代と場所はもう一度見つかるだろうか。時に忘れさられ、人間の手の届かないどこかの島で、あの黄金時代がいまも輝きを放っているのではないか。黄金時代の地を再発見することはできるが、大海原の島よりも長い距離を旅しなければならないと、ヘシオドスは解説している。クロノス神は自らの王国を地下世界に移してしまったので、楽園は「エリュシオン」にあるかもしれないと。

上：アレクサンドル・リトフチェンコ作「死者の魂を乗せてステュクス川を渡るカロン」(1861年)。

エリュシオンでの永遠の楽しみ

冥界「ハデス」で触れたように(50〜55ページ参照)、古代ギリシャの地下世界はいくつもの霊魂の国に分かれた複雑な地下大陸だ。新しく到着した死者は、生前の勇敢なふるまい、神々との関係、罪の程度といった数々の基準で選別され、最終的には徳の高さがパスポートになる。渡し守カロンの漕ぐ舟でステュクス川を渡り(舟賃は遺族が舌の裏にしのばせてくれた硬貨だ)、番犬ケルベロスをやりすごして、ようやく地下世界の裁判官の前に出る。通常はアイアコス、ラダマンテュス、ミノス王の3人で、死者をどの領域に送るかを判定する。「タルタロス」は恐ろしい刑罰が待ちうける地獄、「嘆きの野(ルゲンテス・カンピ)」は報われない愛で人生を浪費した者が行くところで、過酷ではないものの、永遠の時を過ごすのに楽しい場所ではない。「アスフォデルの原」(134ページ参照)ならば胸をなでおろすところだが、ホメロスは笑い声のない暗いところだと書いている。

誰もが望む楽園といえば、やはり「エリュシオン」だ。ビザンティ

ン帝国時代のギリシャ人神学者、テッサロニケのエウスタティウス(1115年頃〜1195/6年)によると、「喜びで心を深く揺さぶられる」という意味の言葉に由来するという。エリュシオンでは、「生きることは実にたやすい」とホメロスは『オデュッセイア』(第4歌561節以降)で書いている。「雪も大嵐もなく、大雨さえ降らないが、海(オケアノス)が音高く吹く強烈な西風を送り、涼をもたらしてくれる」。ウェルギリウスは『アエネイス』の中で、エリュシオンでの時間の過ごし方を解説している(第6巻637節)。「野原は豊かな精気とばら色の光に満ちあふれ、太陽も星々も自分たちだけのものだ。草地でレスリングに興じる者もいれば、競技をしたり、黄色い砂地で組みあう者もいる。拍子を踏んで踊る者、詩を朗誦する者もいる(略)」。レスリングや踊り、詩人もどきを永遠に続けられるのだ。そんな楽園を誰が拒絶できようか。『アエネイス』はさらに「誰もがおのれの魂を償わねばならない」と続く(第6巻742節)。「広大な喜びの野エリュシオンを自ら

上:アーサー・B・デイヴィス(1863〜1928年)による「エリュシオン」。

下:ローマ神話の神メルクリウスが、エリュシオンで死んだ子どもたちを連れさろうとしている。ローマ、オッタビアの地下墳墓で発見された3世紀前半のフレスコ画。

の意思でさまよう者もおり、やがて時が満ちると(略)純粋かつ霊妙な感覚と魂の炎だけが残るのだ」

帝政ローマのギリシャ人著述家プルタルコス(46年頃〜119年頃)は、エリュシオンに入る前に、先の見えない不安な過程を経ると書いている。「最初はあちこちをさまよい、急ぎ足で行ったり来たりするばかりだ。新参者は疑念を抱きながら暗闇の中をひたすら進む(略)やがて最終の通過儀礼を前にあらゆる恐怖が押しよせ、身が震え、驚き、汗にまみれる(略)」。しかし幸いなことに、これを過ぎれば「まばゆい光が現われ、汚れのない野に迎えられる。美しい声と踊り、神聖で偉大な音と形に彩られながら、通過儀礼を無事果たして自由の身となり、王冠を授かって神々に認められ、純粋かつ高徳な者たちと親しく交わる(略)」

幸福諸島とエリュシオン

文献によっては、エリュシオンは「幸福諸島」という群島の中にあったり、エリュシオンと冥界の境界に幸福諸島があったりする。現世に存在するという伝承もあり、これについてプルタルコスは自著『対比列伝』のセルトリウスの項で嘲笑ぎみに書いている。「ここにエリュシオンがあり、ホメロスのうたった祝福の場所があると

右ページ上:18世紀初頭のフランスの画家ジャン=アントワーヌ・ヴァトー作「キュティラ島への巡礼」。キュティラ島(現在のキティラ島)は古くから女神ヴィーナスと結びつけられており、エリュシオンや幸福諸島よりエロティックな楽園とされてきた。

下:「エリュシオンの野とレーテ川」(1880年)。ジョン・ロダム・スペンサー・スタンホープ(1829〜1908年)作。レーテ川はギリシャ神話の地下世界を流れる川で、「忘却の川」ともいわれ、生まれかわった魂はその水を飲むと前世の記憶が消えてしまう。背景には、エリュシオンの野での楽しげな様子も描かれている。

異邦人までもが信じているが、それは真実ではない」

時代とともに群島は数が減り、幸福の島あるいは幸運の島という単独の島になった。幸福諸島とエリュシオンは別物と主張する者もいれば、両者は呼び方がちがうだけとする意見もある。古代ギリシャの詩人ピンダロスもこの楽園への賛美を惜しまなかった。「3度の試練に耐え、悪行をいっさい寄せつけなかった魂は、ゼウスの道を最後まで進み、クロノスの塔に到達する。海からのそよ風が吹きこむ幸福の島には、黄金の花々が輝いている」

下：1968年にイタリア南部で発見された「ダイバーの墓」のふたの内側に描かれていた絵。古代ギリシャの絵画がこれほどきれいな形で残っているのはめずらしい。水に飛びこむ男は、死の瞬間に際して、永遠の海に魂が入っていくことを象徴しているという。

メソアメリカの天国

マヤ、インカ、アステカの楽園

メソアメリカでは古くから異なる文明間で、13の天国と9つの地獄で構成される世界観が広く共有されていた（68〜73ページ参照）。中米で栄えたマヤ文明の場合、13階層の天界と9層の地獄はすべて巨大なセイバの木で貫かれ、幹と枝が中央のミドルワールド（現世）と上下の冥界を背骨のようにつなげていた。

色とりどりの花が咲くマヤの「花の山」

現世における人間の存在は、はかないものとされた。マヤ文明では宇宙は破壊と再生を繰りかえすと信じられていたからだ。マヤに伝わる『ポポル・ヴフ（民衆の書）』によると、神々は人間をつくるのに試行錯誤したようだ。泥でつくった最初の人間は柔

上：マヤ文明で祖先の骨の保管に使われた骨壺。中央は死んだ統治者で、爪のついたジャガーの衣装をまとい、血しぶきを浴びている。ジャガーは現世と来世をつなぐ神聖な生き物とされた。左右は地下世界の君主で、最終目的地に着いた死者を歓迎している。

左：マヤ文明の太陽神キニチ・アハウをかたどった600〜900年頃の香炉。鉤鼻が特徴の神で、口の周囲にはシンボルの貝殻と魚の配されている。香の煙と香りは顔の部分から漂ってきたものと思われる。

左：ジャガーの頭部が持ち手になったマヤ文明の容器（300〜600年）。死後にチョコレートを飲むために、貴族の副葬品としてつくられた。

らかくて動くことができず、「言葉は話すが頭はからっぽ」で、水の中に入れたら溶けてしまったため、神々は一からやりなおすことにした。

次に神々は木から男を、葦（あし）から女の体をつくったが、またしても知力が足りず、創造主に敬意を払えないありさまだった。この人間たちも洪水で流されて全滅させられ、わずかな生きのこりがサルの祖先になったという。3番目の人間は、黄色と白色のトウモロコシ粉を練ってつくり、神々の血を注ぎこんだ。できあがったのは男4人だったが、今度はうまくいきすぎて、頭の切れる人間たちが神にとって脅威になった。そこで「天の心」（創造神話ではフラカン神の呼び名で、『ポポル・ヴフ』では創造神を暗示する）は彼らの目を曇らせて頭の働きを鈍らせた。そして女4人をつくり妻とした。こうして、ほどよく愚かになった人類が誕生したという。

マヤ文明と総称されるさまざまな文化のあいだで、死後世界についての明確な共通観念はなかったようだ。グアテマラのベラパスのポコマム・マヤ族は、地下世界シバルバー（69ページ参照）に死の王が降臨すると信じていた。ユカタン半島のユカテク・マヤ族には地下世界に加えて審判の仕組みもあり、徳の高い者は女神イ

左：10〜12世紀のアンデス地域で用いられたトゥミ(儀式用ナイフ)。人身供犠で使用された。

シュタムに導かれて楽園に入れると考えられていた。メキシコにあるパレンケ王パカル1世(603〜683年)の墳墓では、マヤ王族の祖先たちが果樹となって土から生える姿が描かれ、永遠の楽園を体現している。

この種の話でかならず登場するのが、古典期マヤ文明の「花の山」だろう。花で飾りたてられた生命のある動く山、もしくはその洞窟の図像だ。今日では、これについて複数の解釈がある。グアテマラのツトゥヒル・マヤ族は、地球の中核にある神話上の魔の山だと考えている。マヤの祖先が住む楽園、すべてのナワ族(ナワトル語を話す)が住んでいた伝説上の地チコモストク、太陽の神々のもとに向かう祖先が行く天界だとする考えもある。その一方、古典期マヤの墳墓に水中の絵が描かれ、海洋生物の残骸も出土していることから、「花の山」は天空の楽園ではなく、水中の楽園であり、アステカ文明の雨神トラロックの楽園トラロカンに相当するという解釈もある。

マヤ文明では、色とりどりの天国にいる神々や住民と交流し、

右ページ：16世紀前半にメキシコでつくられた「セルデン写本」の冒頭部分。目のような形の星が並ぶ部分は8段の天国を表している。最上部9段目の天国にはケツァルコアトルが座り、その両側には、それぞれ統治と制御の力をケツァルコアトルに授ける至高神がいる。

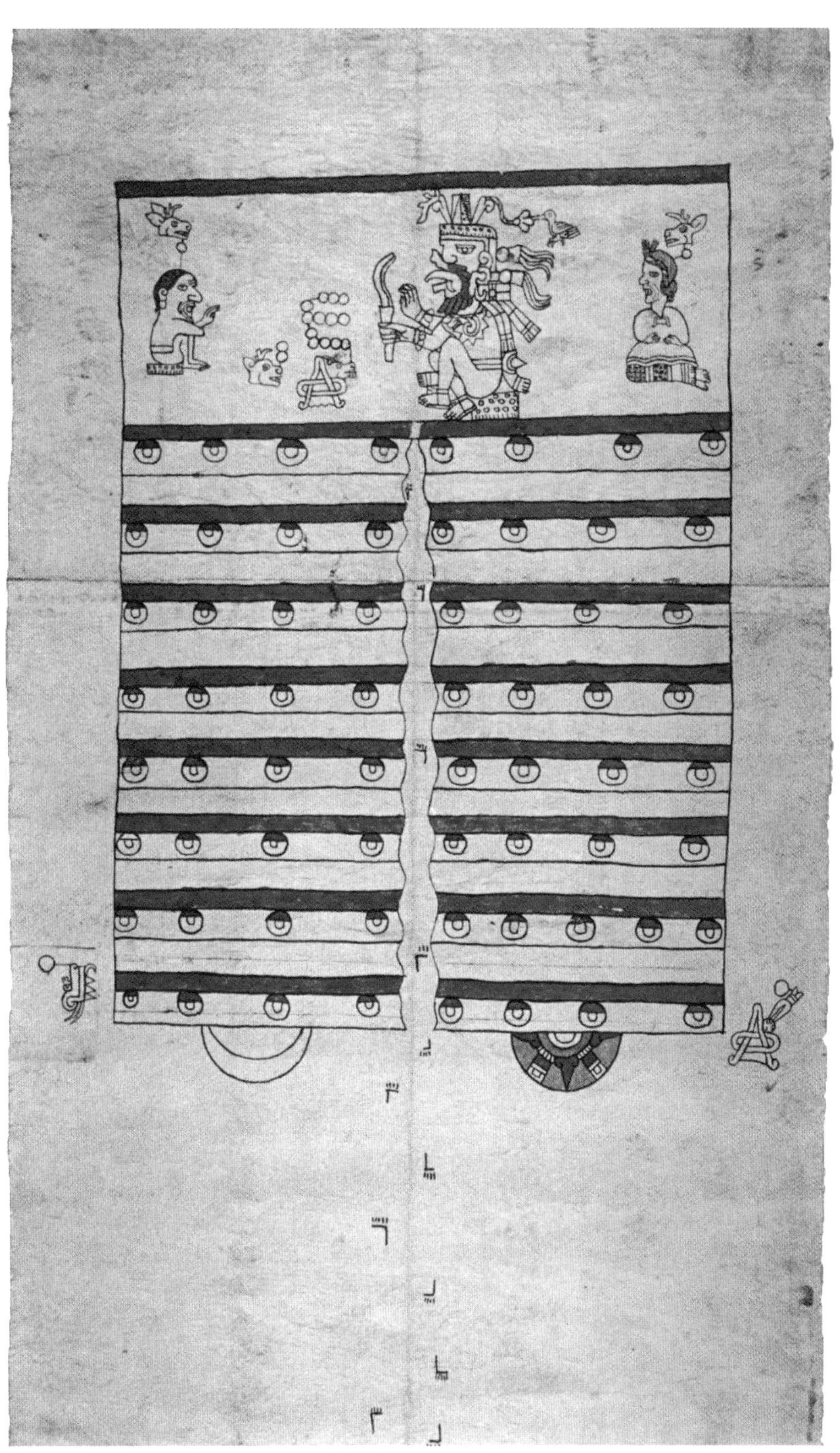

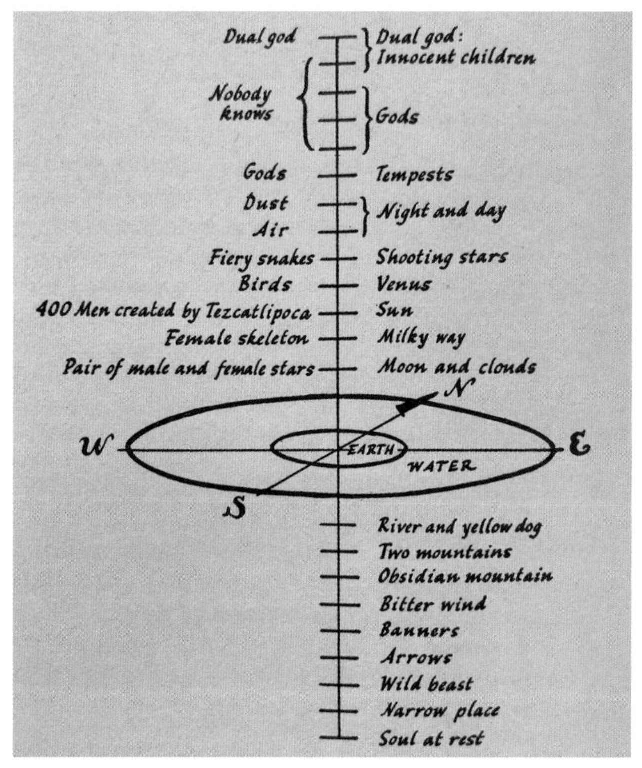

左：ナワ族の宇宙観の図解。

敬意を表す手段として、人身供犠がよく行われた。とくに戦乱時に多く行われ、ナコムと呼ばれる戦いの神官が、捕虜を捧げて神々の加護を引きだそうとした。階級が高い捕虜は生かしておいて、新しい王や女王の即位などの誇らしい場でいけにえにする。供犠の方法は首を切断する、意識のある捕虜の心臓を取りだすといった残酷なものも多かったが、セノーテという天然の深い穴の底にある泉に投げこみ、時間をかけて死に至らしめる方法がより一般的だった。セノーテは天界と交信するときに使われることもあった。子どもを穴におろし、何時間もそのままにしてから引きあげ、神々から受けとった言葉を聞きとるのだ。

インカの「ハナンパチャ」

南米で栄えたインカ文明では、どんよりと暗いウクパチャ（下の世界、71ページ参照）の対極に、ハナンパチャ（上の世界）がある。そこは太陽の地であり、星々や惑星や神々がいるところで、徳の高い者は神々しい太陽の暖かさに包まれて日々を過ごすことができる。ハナンパチャで重要な神は太陽神インティ（インカ帝国の王サパ・インカはインティ神の子孫とされた）、月の女神ママ・キリャ、それに雷神イリ

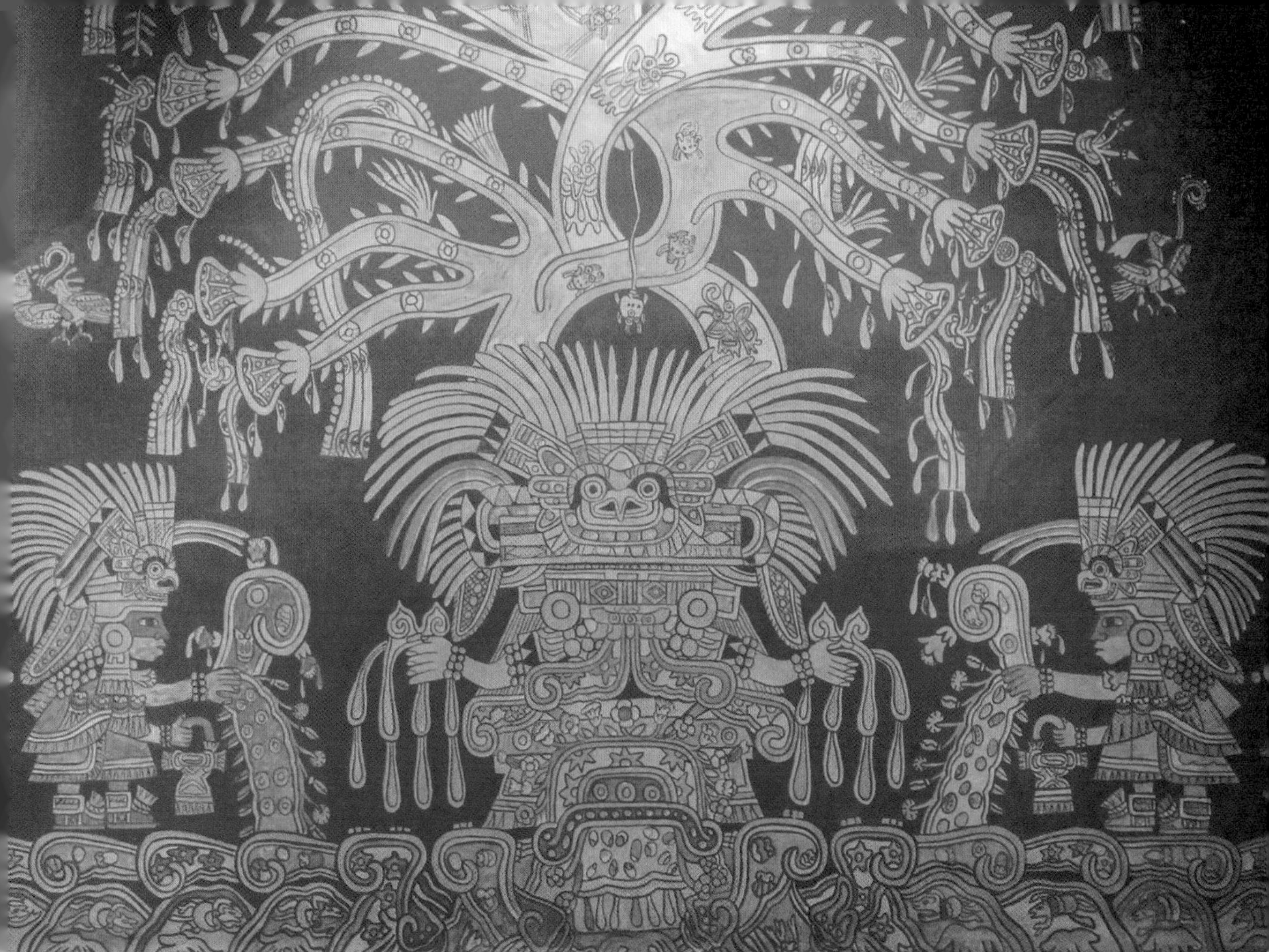

上：1940年代にメキシコのテオティワカンで発掘された壁画。考古学者アルフォンソ・カソ（1896〜1970年）の解釈によれば、テオティワカンをトラロカンの楽園と見立てたもので、中央にいるのはメソアメリカの雨と戦いの神トラロックだという。しかし現在では死後世界の女神とする説が有力で、考古学者カール・タウベ（1957年〜）はテオティワカンの「蜘蛛（くも）女」と呼んでいる。

ャパだ。イリャパは輝く衣装をまとった男性の姿で、棍棒を持ち、雨を降らせるために天の川を水差しに入れている。

虹と稲妻は天に通じる道とされ、山の頂上は天界への入口と考えられて、神々への供犠（人身供犠を含む）が行われた。善良な者は死んだあと、地上で思いのこすことがなくなったら、好きなときにこの神聖な道を使うことができた。ただし身体は大切に守っておかねばならない。死によって魂は身体から出ていくが、魂も体も生前と同じように生きつづける。もし身体が損なわれたら、魂は地上でさまようしかないのだ。だから遺体に細心の注意を払うし、無事に天界に到着した魂は、万端整えて埋葬した者の力になってくれる。

アステカ文明の楽園

中米で栄えたアステカ文明（具体的にはアステカ族、チチメカ族、トルテカ族を含むナワ族の文明）の信仰体系では、13層の天国が具体的に表現されている。各層は異なる「王」、つまり神が支配しており、

上：山から流れてきて十字に交差する川で泳ぐ人びと。考古学者アルフォンソ・カソ（1896〜1970年）は、トラロック神が支配する死後の国の様子だと解釈した。

天国全体はシパクトリという神聖なワニの尾からできている。神々は逆さまにしたシパクトリの身体を創造の土台にしたのだ。

魂の目的地となる楽園はわずかしかない。最も低い天国である「イルウィカトル=メツトリ」（「月が動く空」という意味）には、月の女神メツトリ、欲望と姦通の女神トラソルテオトル、雲の腹を突いて雨を降らせる雷神トラロック、それに雲を吹いて駆りたてる風神エエカトルがいる。序列としては最下位の天国だが、幸福の場所だ。スペインの宣教師ベルナルディーノ・デ・サアグン（1499〜1590年）は『ヌエバ・エスパーニャ概史』で次のように書いている。「緑のトウモロコシの穂が不足することはなく、ユウガオの実もたくさん成る。草は大いに繁り、ピーマンやトマト、さやに入った緑の豆もあれば、花も咲きみだれる。ここにはトラロケという生きている神々が住んでいる。彼らは髪を長く伸ばし、偶像を崇拝しているように思われる（略）」

ここは最下級ながら豊穣の地で、雷神トラロックがいるだけに、トラロカン（水と霧の地）としても知られる。この天国には溺死者や雷に打たれて死んだ者が入る。また、身体が変形したり、雨神に関係する病気で生命を終えた者もここにやってきて、水の神にとく

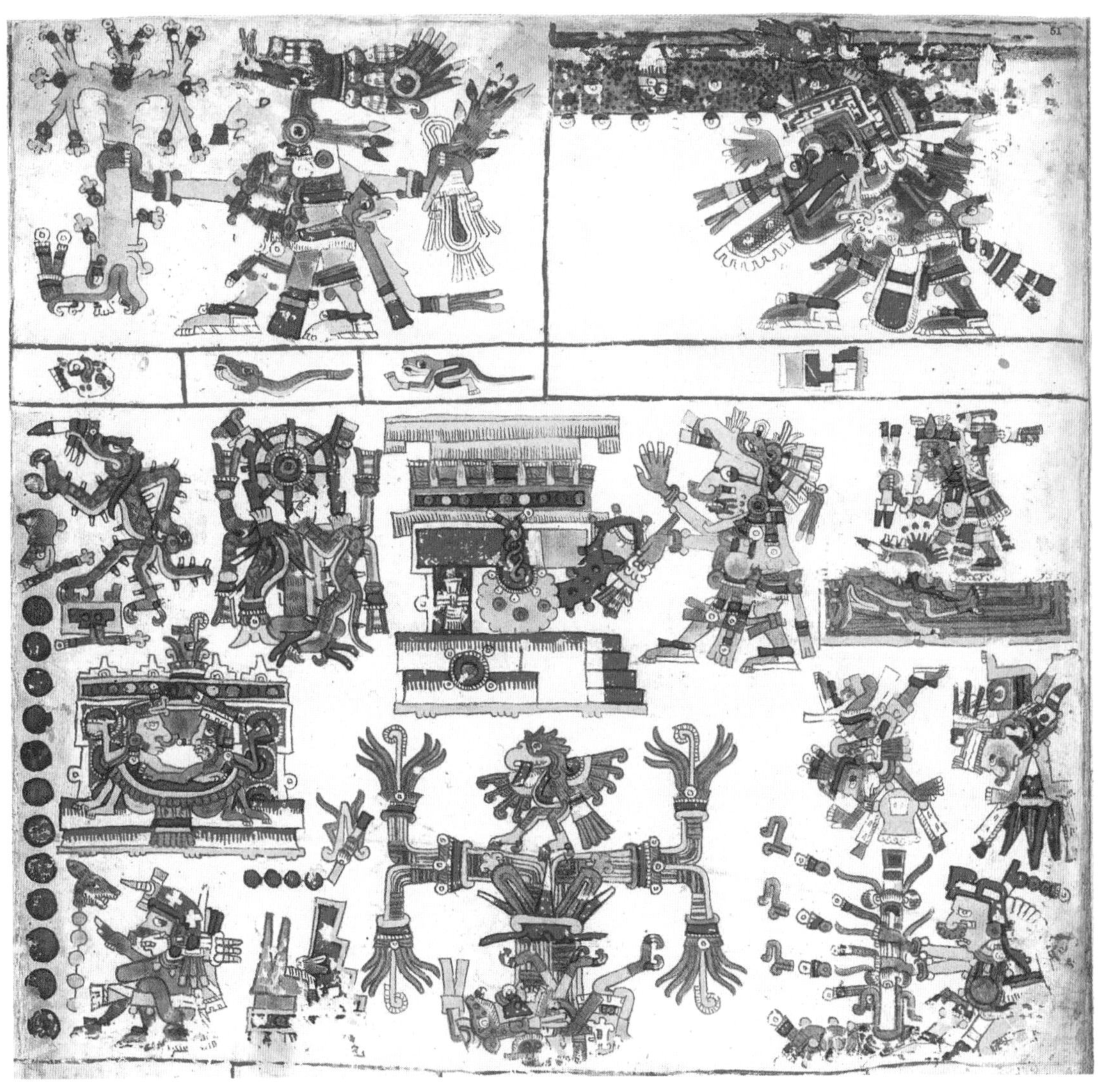

上：死後世界の東の領域であるトラフイズトランパ（夜明けの場所の方角）。ここでは祖先の助言を受け、東の守護神である羽毛の生えた蛇神ケツァルコアトルに会うことができる。

に目をかけてもらえる。マヤの死後世界と同様、花がいたるところに咲きほこっている。魂が新しく到着すると、乾ききっていた枝も瞬時に花が満開になり、常春の地へといざなうのだ。新参の魂はトラロカンへの感謝の歌を歌ってから、球蹴りや馬跳びに興じたり、小川の岸辺の木陰で花にうずもれたりしてのんびり過ごす。この暮らしを4年満喫したあと、魂は生者の世界へと戻っていく。この天国に入れなければ、 地下世界のミクトランに落ちるしかない。

3番目の天国である「イルウィカトル=トナティウ」(「太陽が動くところ」という意味)も興味ぶかい。5番目の太陽神トナティウの国で、花々と鳥とチョウにあふれ、戦死した男と出産で死んだ女の魂が

ここに入る。男は太陽につきそって花の道を天頂までのぼり、そこで女に太陽を引きわたすと、そこから日没までは女が太陽のお供をする。男も女も、花や色あざやかな鳥、チョウの姿になって、この護衛役を務めるのだ。

最も高い天国であるイルウィカトル=オメヨカン(二つもしくは二元性の場所)に住むのは、食物と生命循環の神オメテクトリと、その女性版オメシワトルである。神と女神の二重神が支配する黄金の国では、永遠に花をつける木の枝から乳がしたたり、ものごころつく前に死んだ子どもの魂がそれを飲んでいる。子どもたちは翡翠(ひすい)やトルコ石など輝く宝石の外観をしており、寒々しい死者の国に行く必要はない。美と清浄の地で、偉大な創造者と心を通わせながら安らかに過ごす。

スペインによる征服後もこうした観念はなくならなかったが、キリスト教の物語に組みこまれて、楽園世界がカトリックの天国に重なっていった。征服後の時代、ナワ族の子どもが聖母マリアに唱えていた詩の一節からも、そのことがうかがえる。

ケツァルの羽根のように大地に戻ってきた
私たち幼い子ども、卑しい私たちは、
永遠の処女である聖マリアさまにお祈りをします。
私たちは羽根のように色とりどりに染まり、
真珠の首飾りのようにつながって、
私たち幼い子どもは、
永遠の処女である聖マリアさまにお祈りをします。

左ページ:「火縄銃の天使」。優れた絵画作品を生みだしたクスコ派は、カトリックの天使をアンデスの貴族風に描き、火縄銃を持たせた。こうした絵画は、カトリックと先住民の信仰体系の融合に一役買った。

ジャンナ――イスラム教の楽園
歓楽があふれる豊かな天国

上：ティムール朝のスルタン・アブ・サイード・グルカンが1465年頃につくらせた「ナフジュ・アル・ファラディス」のウイグル語写本の彩画2点。預言者ムハンマドが「夜の旅」で見たという天国が描かれている。

イスラム教では、楽園がどれほどの力をもっていたのか。それを理解するには、面積125万平方マイル（約260万平方km）のアラビア半島が、川のない世界最大の地域だという事実を知っておく必要がある。豊かな水と緑に恵まれたイスラム教の楽園「ジャンナ」は、どれほど人々にまぶしく映ったことだろう。正しい生き方をして、辺獄バルザフ（132〜133ページ参照）を無事に抜け、アッスィラートの橋（罪人が通るときは毛髪ほどの幅に狭まる。61ページ参照）を渡りおえたら、ジャンナの門が現われる。「汝らに平安あれ、よくここまで耐えぬいた。そして、この終（つい）の住みかのなんとすばらしいことか」（コーラン13章24節）と、天使たちが高らかに歌いながら迎えてくれる。

楽しみが用意されている楽園

この死後世界は多層にわたり、大小のテント（天幕）や市場がひしめきあうにぎやかさだ。そこには緑があふれ、川は水をたたえ、幸福が永遠に続く場所がたくさんあり、ただ「楽園」として知られている。楽園はとてつもなく大きく、天と地ほどの広さがある（コーラン3章133節）。楽園には豪壮な屋敷が立ち、ソファや敷物があり、ワインの盃、肉や果物が並んで、のんびり楽しむことができる。

イスラム教の楽園については、まるで見てきたような具体的な描写は存在しない。ただジャハンナム(火獄)と同じく、細部に触れた記述がコーランにたくさんあり、預言者ムハンマドの言行録『ハディース』では、それをもとに詳細な全体像を描きだしている。むしろ地獄よりはるかに詳しく記されている点で、ジャンナは異例だ。一方、ムハンマドは、楽園の驚異を語りつくすことは不可能だとも釘を刺している。「アッラーは言った。『私の正しきしもべたちのために、目に見えず、耳に聞こえず、心で思いえがくことのできないものを用意した』」。またコーランにはこんな記述もある。「彼らが行ってきたことの報いとして、歓喜がひそかに用意されていることを、誰も知らない」(コーラン32章17節)。楽園の楽しみは人智の想像を超えたところにあるのだ。

左:ペルシャのサファヴィー朝(1501〜1736年)を代表する偉大な君主のひとり、アッバース1世(在位1588〜1629年)の華麗な楽園。

左：イランの写本（1465年頃）より、預言者ムハンマドと「半火半雪」の天使との出会いの場面（ムハマンドはこの絵のカットされた右側部分に描かれている）。

乳、美酒、蜜の川が流れる楽園

では、楽園の建物や地形を知る手がかりはあるだろうか。ハディース学者ティルミズィー（824年頃～892年）によると、楽園に立つ建物についてたずねられた預言者はこう答えたという。「金銀のれんが、麝香の漆喰、真珠とサファイアの玉石、サフランの土でできている。そこに入れば喜びで満たされ、苦しみを覚えることはない。死は訪れず、永遠に生きつづける。衣服がすりきれることはなく、若さが衰えることもない」

『ハディース』の真正集のひとつ『楽園およびその内容と恵みと本質に関する書』を見ると、楽園では信者ひとりずつに大きな天幕が与えられる。それは幅60マイル（約100km）の巨大な真珠で、内部が空洞になっている。「楽園には、毎週金曜日に市場が立ち、皆が行きかう。そこで北からの風が運ぶ芳香を顔や衣服に受けとめ、美と人徳を高めて輝きを増してから、家族のもとに帰っていく」

「楽園」では、地上と地下に川が流れている。実際、コーランでは、ジャンナをしばしば「川が流れる楽園」（47章12節）と記している。乾燥したアラビア半島に生きる者にとって、これほど喜ばしい場所はあるだろうか。しかも河川に流れるのは水だけではない。新鮮な乳、美酒、蜜の川まであるのだ。「正しい者に約束されている楽園には、けっして腐ることのない水をたたえた川、味が変わることがない乳の川、飲む者に至福をもたらす美酒の川、純粋な蜜の川がある（略）」（コーラン47章15節。旧約聖書「創世記」のエデンの園を流

左:巨大な雄鶏の姿をした祈りの天使。地上に立つと頭が神の玉座に届くほど大きい。天使ジブリールが、この雄鶏は時間を監視して、信じる者に祈りを呼びかける役目だと説明している。

れるピション、ギホン、ティグリス、ユーフラテスの4つの川を連想させる)。『ハディース』ではこれら4本の川は大河に成長しており、フィルダウス(最高位の楽園)には轟音の激流より100段階上の川があると記されている。

『イスラムの死者の書:火獄と楽園のハディース集』(1977年)によれば、土曜日は水、日曜日は蜜、月曜日は乳を飲むことになっている。酒は火曜日に飲み、酩酊すると1000年間空を飛びつづけ、純粋な麝香の山に到着する。そこで水曜日に甘露サルサビール(泉水)を飲むと、次に高い城にのぼり、寝台に寝そべってショウガの気つけ水を木曜日に飲む。最後は不死の食卓でネクタルを味わうのだ。

楽園の酒は酸っぱくならないし、飲んでも気持ちいいだけで二日酔いにはならない。「こんこんと湧きでる泉から汲んだ盃が回り、飲めばえも言えぬ心持よさ。これは飲んでも頭がふらついたり、酔っぱらったりしない」(コーラン37章45〜47節)。天国ではどうやって自らを救済するのかと問われて、預言者はこう答えた。「彼らは皮膚から麝香の匂いの汗をだすことで自らを救う。そうすればどんな胃袋もやせ細る」(アラブ人の学者イブン・ヒッバン、844〜985年)。

ジャンナは植物も壮大かつ魔訶不思議で、涼しい日陰と無尽蔵の果実を提供してくれる(ある伝説では、木がぶつかりあって妙なる音を発するという)。イスラム教の地獄ジャハンナムにはザックーム(63ページ参照)という巨木が生えていたが、楽園ジャンナにもそれに対応するような木がいくつかある。そのひとつが謎めいた「スィドラの木」(最遠の境界にあるナツメの木)で、楽園のいちばん端、アッラー自身が住む場所の近くに生えている(コーラン53章14〜15節)。この木が天国の境界であり、神の創造物はその先に行くことはできない。

「トゥーバー(幸福という意味)」と呼ばれる巨木もある。コーランとハディースでそれぞれ一度しか出てこないが、時代とともに作家たちの想像を刺激した。たとえば12世紀のイスラム圏の哲学者スフラワルディは、シームルグ(ギリシャ神話の怪物グリュプスに相当)という神秘の鳥が卵を産む木だと書いている。ムハマンドの教友アブー・フライラ(603年頃〜680年)は、「楽園には、ラクダで走って100年もかかるほど大きな影をつくる巨木がある」というムハンマドの言葉を伝えている。

楽園で待つ処女

イスラム教のジャンナの描写は、厳格な禁欲主義に支配されたキリスト教の楽園にくらべると、明らかに官能的でエロチックだ。なかでも知られているのが、楽園で敬虔な者の到来を待つフーリーという美しい処女である。「神を畏(おそ)れる者たちのために、安全な場所がある。緑の園とブドウ園、そして同じ年ごろの胸のふくれた乙女たち」」(コーラン78章31〜33節)。ルビーのように輝かしく、サンゴのように美しく、隠された真珠のように貞節なフーリーは、コーランの中で何度か言及されているが、かならず複数形だ(フーリーは信者ひとりずつを相手にするが、信者ひとりにつき何人なのかはコーランに具体的な人数は出てこない)。彼女たちは「伴侶」であり(コーラン36章55あるいは56節)、「美しい大きな目」(コーラン37章47あるいは48節)をしている。『ハディース』でも「骨の髄まで透明」「永遠の若さ」「眉と髪以外は毛がない」「純粋」「美しい」といった言葉で表現されている。

『イスラムの死者の書』によると、フーリーの外見は色彩に富んでいる。「預言者は言われた。『アッラー・ターラは白、緑、黄、赤の4色でフーリーの顔をつくり、サフラン、麝香、琥珀(こはく)、樟脳(しょうのう)で身体をつくった』」。つまり楽園は快楽の場でもあり、死者の書はこ

上：「怪鳥シームルグ率いる鳥の軍団が海の霊に襲いかかる」。19世紀につくられたペルシャの伝説集『アンヴァリ・スハイリ（カノープスの光）』の装飾写本より。

う続ける。「庭に暮らす人びとは、日を追うごとに美しく端麗になり（略）男は飲食と性の喜びで百人力になる」

13世紀にイスラムの地を訪れた西洋人がジャンナの官能的な側面に圧倒された結果、ヨーロッパではその面を強調したジャンナ像が広まった。なかでも1264年にヨーロッパに紹介された『梯子(はしご)の書』は、食卓からこぼれんばかりのごちそう、エメラルドや真珠で飾られた大天幕、壁一面がルビーの輝く宮殿、秋波を送る乙女たちの姿を描きだし、世間は騒然となった。西洋キリスト教世界の大衆がめくるめく色彩の楽園にのぼせあがったことは想像に難くなく、食の楽園コケイン（230～237ページ参照）など中世のヨーロッパで生まれ、その後何世紀も親しまれた豊穣の理想郷にその影響が見てとれる。

Valhalla

ヴァルハラ
古代スカンジナビアの楽園

長い剣で友人たちをめった切りにしながら、楽しく永遠の時を過ごす。ふつうの人はそんな楽園を夢想しない。だが、ヴァイキングの戦士はふつうではないのだ。輝ける楽園ヴァルハラ(古ノルド語で「戦死者の館」を意味する)、あまたの英雄が集うオーディン神の館は、古代スカンジナヴィア人にとってすべてが許される場所だ*1。だがそこに入るのは容易ではない。勇敢に戦って討ち死にした戦士だけが、死と戦争の神オーディンと、ヴァルキューリという若く美しい乙女たちから入場の許しを得られる(ただし、死んだ戦士も地下世界のヘルに行くことがあるという。13世紀初頭のアイスランドの歴史家スノッリ・ストゥルルソンは、病気や高齢で死んだ者だけがヘルに入ると書いたが、オーディンの息子バルドルの逸話では、戦士として死んだのにヘルに送られたと書かれており、矛盾が見られる)。

勇敢な戦士たちの饗宴

「黄金に輝く」ヴァルハラは、オオカミの群れが警護し、ワシが飛びかう広大かつ豪華絢爛な館で、屋根は盾、垂木は槍、長い

*1　ヴァルハラ(Valhalla)を「館(hall)」としたのは誤訳であるという指摘もある。スウェーデンの民間伝承では、死者が暮らすヴァルハル(Valhall)という山がある。「館(höll)」という名詞は「岩(hallr)」に由来するものであり、ヴァルハラは館ではなく地下世界全体を指していたと説明している。

右ページ:ヴァルハラ(左)と大蛇ヨルムンガンド(右)。ヨルムンガンドは地獄の女神ヘル(57ページ参照)の兄弟で、ミッドガルド(人間が住む世界)を取り巻く。牡牛の頭を餌に、大洋から釣りあげられようとしているところ。17世紀アイスランドの写本より。

下:マックス・ブリュックナー作「ヴァルハラ」(1896年)。

Midgards Ormurin
VH

食卓を囲む椅子は胸当てでできている。ヴァルハラに招かれた死者の魂はエインヘルヤルと呼ばれ、現世で楽しんでいたことをすべて続行できる。すなわち殺しあいをして、祝宴でたらふく食べ、酒を飲み、ときに勇気を奮いたたせ、そしてまた殺しあうのだ*2。どんな傷も夜のうちにすっかり癒えて、ふたたび戦えるようになるので、これが永遠に繰りかえされる。

この再生の仕組みは厨房でも活躍する。セーフリームニルという大きな雄イノシシは、殺されて解体されても、毎回元の姿で生きかえる。のどが渇いたら、雌山羊ヘイドルーンの乳房をしぼればいい。うまい蜂蜜酒(ミード)がいくらでも出て大桶を満たし、すべての戦士が堪能できる。エイクスュルニルという鹿の角からしたたる水はフヴェルゲルミルの泉を満たし、そこから無数の川が流れだしている(古ノルド語の物語詩集『詩のエッダ(古エッダ)』に入っている「フンディングル殺しのヘルギの歌II」は、第38連でこう歌っている。「ほかのすべての動物をしのぐ若い雄鹿が、しずくで濡れそぼり、その角は天をまっすぐ指して輝いている」)。食卓でもてなしてくれるのは、美しきヴァルキューリたちだ。

『詩のエッダ』からもうひとつ「グリームニルの歌」を見てみよう。第8〜10連でオーディン神が語るには、ヴァルハラはグラズヘイム(古ノルド語で「喜びの故郷」の意)の地にあり、館は黄金色の光を放ち、遠くからは「穏やかなたたずまい」を見せている。同じ詩ではヴァルハラの入口に堂々と立つ外側の門ヴァルグリンド(死の門)の描写もある。その門は「格子づくりで平原に立ち、内側に神聖な門がある。時代はとても古く、どうやって錠をかけるのか誰もほとんど知らない」。ヴァルグリンド門に守られたヴァルハラには540の扉があり、一度に800人の戦士が通りぬけられるほど大きい。ヴァルハラはとても大きいの

上:シェングヴィーデ石碑。ヴァイキング時代の1000年頃のもの。スウェーデンのシェングヴィーデで発見された。8本脚の愛馬スレイプニルにまたがるオーディン神(死んだ騎馬戦士という説もある)が、勇敢な戦士たちをヴァルハラに迎えいれる場面と考えられている。

左:キリストの磔刑(たっけい)を描いた10世紀デンマークのイェリング・ルーン彩色石碑。このキリスト像は、北欧神話の神オーディンが木から吊るされ、槍で突かれた逸話をなぞらえていると考えられている。

*2 ヴァイキングはお楽しみで骨を叩きおったり、溺死させたりしていたという。拙著『キツネ潰し』(日経ナショナル ジオグラフィック刊)にくわしい。

で、ひとつの区画も広大だ。ビルスキールニルという館には540の部屋があり、オーディンさえも最も立派なところと認める。この詩では、ヴァルハラには山羊のヘイドルーンが草を食む場所があること、ヴァルハラの最も高いところで雄鹿エイクスュルニルがレーラズの木の枝を嚙んでいることもオーディン神によって説明される。

上：ノルウェー、トロンデラーグに住んでいた1100年前のヴァイキング戦士の墓を発掘する様子。

究極の終末の戦いに備えて

最近になって、ヴァイキング戦士の墓を考古学者が発掘した際に興味ぶかい特徴が見つかり、ヴァイキングが死後世界をどう認識していたかという私たちのイメージが、文字通り「逆転」するかもしれないという仮説が提示されている。2020年、ノルウェー科学技術大学のレイモンド・ソヴァージを中心とする考古学者グループが1100年前のヴァイキング戦士の墓の発掘調査を行ったところ、剣が通常の右側ではなく、戦士の左側に置かれていた。「埋葬儀式における重要な信念を反映した配置にちがいない」とソバージは記者会見で語っている。「（ヴァイキングの）ほかの品々も、左右反対に置かれていることはよくある。これは死後世界は現世の鏡像であると信じていた証拠ではないかと、一部の考古学者は指摘している」

スノッリ・ストゥルルソンの『散文のエッダ』の第二部である『詩語法（詩人の言葉）』の冒頭には、ジョージ・ルーカスの映画『スター・ウォーズ』のライトセーバーを、少なくとも800年は先どりした記述がある。発光する剣を灯火がわりにして、壁一面に美しい盾が飾られた館で大いに酒を飲む場面だ。この場所は第33章でヴァルハラだとわかる。こうしてヴァルハラの英雄たちは愉快に過ごすが、いずれ終末の日（ラグナレク）がやってくる。戦士たちは540の扉から出撃してオーディンの軍勢に加わり、最後の見せ場とばかりに巨人や巨狼フェンリルと勇壮に戦うが、敗北が運命づけられている。オーディン神にしてみれば、あらゆるものの命が失われる最終決戦にふさわしい選りすぐりの戦士を集めることが、ヴァルハラの究極の目的なのだ。

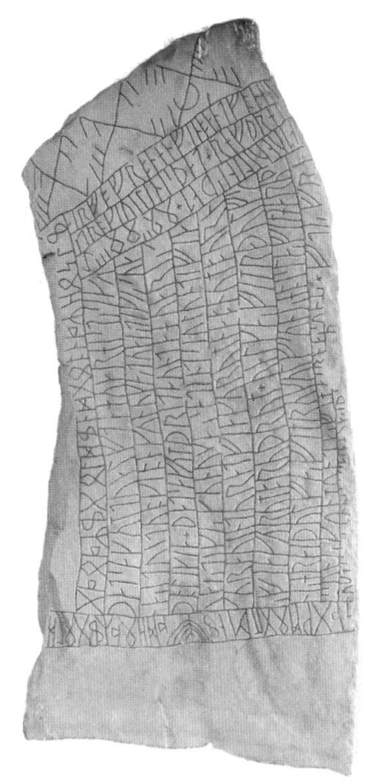

上：レーク・ルーン石碑。高さ8フィート（約2.5m）ある。スウェーデンでの最近の研究で、ヴァモスという「死せる運命」の男性の記念碑である可能性が示唆されている。ヴァモスは死後オーディンの軍勢に加わり、巨人たちや太陽を飲みこむ巨狼フェンリルと戦った。

聖書の天国
聖書からひもといた天国像の進化

ユダヤ人は何千年にもわたって、さまざまな死後世界を信じてきた。初期のラビ(宗教的指導者)たちは、ハラハー(ラビの認めるユダヤ法)をまじめに守っていれば、「オラム・ハバ」という来世で見返りを受けられると説いたが、ヘブライ語聖書にそうした記述はない。メシアの到来とともに死者は復活して裁きを受け、生前の行動しだいで賞罰が決まる。そう信じる者もいるが、天国や地獄の内容に関する具体的な教えはない。何世紀にもおよぶこれらの議論とユダヤ教の教義を要約するならば、つまるところ重要なのは、死後の運命ではなく、現世でどう生きるかということだ。死後の運命は神の手にゆだねられており、来世がどうなるか人間にはわからない。ユダヤ教初の本格的な口承集「ミシュナ」の「ピルケ・アヴォート(父祖の教訓)」にはこう記されている。「褒美をもらうために、主人に仕える召使のようなまねをするな」(1章3節)。善行は損得勘定でやるものではないのだ。

「至福直観」の天国

ではキリスト教の場合、新約聖書のどんな記述から信者は天国像を思いえがくのだろう。考えてみれば、その天国像は現代人にもしっかり根をおろしているが、細部となると真珠で飾られた門、黄金の街路ぐらいしか思いうかばない。荒廃しきった地獄の風景にくらべると漠然としている。キリスト教神学で説くように、天国の真の偉大さは人智を超えているからかもしれない。

5世紀の聖アウグスティヌスは、天国は「言語に絶する」と表現した。「コリントの信徒への手紙一」2章9節でパウロもこう言っている。「目が見もせず、耳が聞きもせず、人の心に思い浮かびもしなかったことを、神は御自分を愛する者たちに準備された」。これがすなわち中世カトリックにおける天国の概念だ。神をこの目で見て、神の真理を直接受けとめた「至福直観」の状態が天国なのである。同じ「手紙一」でパウロは言う。地上では「鏡におぼろに映ったものを見ている」が、そのときには「顔と顔を合わせて見ることになる。いまは一部しか知らなくても、自分が余すところなく理解されてきたように、今度は自分も余すところなく理解することになる」(13章12節)。この直観を奪われることはおよそ想像しうる最

上:英国の写本『ホルカム聖書絵本』(1327〜1335年頃)に描かれた創造主。頭上には天国の天使が並び、足元では地獄が口を開けている。

右ページ:ニコラ・コシャン作「天の王国地図」(1650年)。天国、煉獄、地獄を図解した宗教印刷物で、いちばん上は天空の城壁都市エルサレム。次に魂が集まる煉獄で、奥に天国に通じる門がある。最下部は炎が燃えあがる地獄の川で、ルシフェルが支配する。

Trinité
le Royaume des Cieux
Cherubins
Vertus
Puissances
Principautez
Dominations
Throsnes
Archanges
Anges
La Sᵗᵉ Cité de
Ierusalem Celeste
le Purgatoire
le Purgatoire
le Monde
Par Permission
& Priuilege du Roy,
Octroié a lauteur, lequel la cedé à
Pierre Mariette demeurant rue sainct
Iacques a l'Esperance
Cette Carte du
Royaume des Cieux a esté
composée par le S. Hierosme Chastelain
a la gloire de Dieu Roy des Roys.
A PARIS.

悪の責め苦であり、中世には「呪われた者への罰（ポエナ・ダムニ）」と呼ばれ、地獄の核心部分となっていた。

「神の国は飲み食いではなく、精霊によって与えられる義と平和と喜び」を意味するとパウロは明言する（「ローマの信徒への手紙」14章17節）。初期キリスト教の神学者や伝道者は、神がつくりたもうた地上の楽園は、基本的に現世の改良版だと伝えることに腐心していた（神が天高い場所にいて、そこをめざすという考えが生まれるのは時代がもっと下ってからだ）。

ユダヤ教の律法学者アッバ・アリーカ（175〜247年）は、来世をこう解説している。「そこでは食べたり飲んだりすることはなく、子どもをもうけることもなければ、契約も結ばない。嫉妬も憎しみもない。正しき者は冠を頭に載せて座り、輝かしい存在を楽しむのみである」（『エンサイクロペディア・ジュダイカ』）。一方、イエスにとって天国は神と同一であるから、具体的な内容はほとんど示していない。それでも「ヨハネによる福音書」によると、最後の晩餐の席でイエスは使徒たちにこう約束した。「私の父の家には住むところがたくさんある。もしなければ、私は場所を用意しに行くとあなたがたに言うだろう」（14章2節）。

新しいエルサレム

地獄と同様、決定的かつ不朽の鮮明な天国像が報告されているのが「ヨハネの黙示録」だ。扉が開いてヨハネが中に入ると、華やかな宮廷を思わせる場所で典礼が行われている。玉座には碧玉（へきぎょく）や赤メノウのように見える誰かが座っており、稲妻と雷鳴を発し、虹に囲まれている。そばにいるのは獅子と雄牛と人間とワシの姿をした生きもので、それぞれ6つの翼をもち、全身に無数の目がついている。彼らはケルビム（智天使）で、「聖なるかな、聖なるかな、聖なるかな、全能者である神、主、かつておられ、今おられ、やがて来られる方」と歌いつづける（初期キリスト教では、この4つの生きものは4人の福音伝道者であるマタイ、マルコ、ルカ、ヨハネだと解釈されていた）。

上：大天使ミカエルは、邪悪に対する勝利の象徴だ。天国から追放された反キリストが踏みつけられている。

左:『花々の書』(1090〜1120年頃)より、天国の都エルサレム。

そして「ヨハネの黙示録」21章では、新しいエルサレムが神のもとを離れ、「夫のために着かざった花嫁のように」天から下ってくる。神の地上での居場所、すなわち神殿になるのだ。黄金の道を流れる神の光はまぶしいかぎりで、太陽や月の光も必要ないほどだ。新エルサレムはあらゆる貴石でできた目もくらむ都市だった。

> *都の城壁は碧玉で築かれ、都は透き通ったガラスのような純金であった。都の城壁の土台石は、あらゆる宝石で飾られていた。第一の土台石は碧玉、第二はサファイア、第三はめのう、第四はエメラルド、第五は赤縞めのう、第六は赤めのう、第七はかんらん石、第八は緑柱石、第九は黄玉、第十はひすい、第十一は青玉、第十二は紫水晶であった。*
>
> *(「ヨハネの黙示録」21章18〜20節より)*

高い山の上に連れていかれたヨハネは、新エルサレムの全容を一望して大きさをはじきだす。「この都は四角い形で、長さと幅が同じであった。天使が物差しで都を測ると、一万二千スタディオンあった。長さも幅も高さも同じである」(「ヨハネの黙示録」21章16

節)。見あげるような城壁は宝石で埋めつくされ、12の門はそれぞれが1個の巨大な真珠でできている。城内の住人は、もはや怖れることは何ひとつない。神は「彼らの目の涙をことごとくぬぐい取ってくださる。もはや死はなく、もはや悲しみも嘆きも労苦もない。最初のものは過ぎ去ったからである」(「ヨハネの黙示録」21章4節)。さらに町の中央部はこうなっている。「川は、都の大通りの中央を流れ、その両岸には命の木があって、年に十二回実を結び、毎月実をみのらせる。そして、その木の葉は諸国の民の病を治す」(「ヨハネの黙示録」22章2節)。

地上に出現した神の王国は、聖書の記述が額面どおりに受けとられていたようだ。初期キリスト教の傑出した理論家で、ローマ帝国の属州ガリアにあるルグドゥヌム(現在のリヨン)の司教を務めた聖エイレナイオス(130年頃 ~ 202年)も、寓意としてではなく文字どおりに理解することを強く主張した。その解釈は直感的かつ世俗寄りで、地上の天国は刹那のものであり、キリストの復活とども

左:30段の梯子(はしご)を描いた12世紀の聖画。7世紀にシナイ山で隠修した聖ヨアンネス・クリマコスの『天国への階梯(かいてい)』をもとに描かれている。横木はキリスト教徒としての徳を表わし、その下で地獄に引きずりおろそうと悪魔が待ちかまえている。

上：ウィリアム・ブレイク作「啓示の天使」(1803年頃～1805年)。「ヨハネの黙示録」10章1節の「力強い天使が、雲を身にまとい(略)頭には虹をいただき、顔は太陽のようで、足は火柱のよう」という一節に触発されて描かれたもの。

に「破壊され、永遠の王国がもたらされる」。つまり救世主の王国が出現すると信じていた。

聖エイレナイオスはこう説く。救世主の王国では、貧者に1回の食事をほどこしたら、いつもより100倍も美味の食事が、100回の褒美となって返ってくる。柔和な者は地を受けつぐだけでなく、喜びに満ちた日々を送る。しかもそこはキリスト教徒が眉をひそめていたはずの、イスラム教の天国のような物質的かつ官能的な快楽の園だ。そこではブドウの実から汁を飲むことができる。なぜなら「果実は復活する」からだ。「ブドウの木はよく成長し、1本につき

1万のよい芽をつけ、よい芽ひとつから1万の枝が伸び、1本の枝から1万の小枝が広がり、1本の小枝が1万個の房をつける。ひと房の果実を絞ると25樽のブドウ酒ができる。聖人がブドウのひと房を手に持つと、別の房が叫ぶのだ。自分のほうが質がよいからこちらを選んでくれと」(エイレナイオス著『異端反駁』、180年頃)。

天国の日常生活

旧約・新約ともに聖書には天国の細部がときおり出てくるが、どこにあるのか、そこに何があるのかという点はあいまいだ。もっとも「ヨハネの黙示録」では大きさまで明確に示されて、街路図まで描けそうな勢いだ。ではそこでの日常生活はどうなのか。それを探るために、何世紀ものあいだあらゆる文書を読みこんでは推定する努力が繰りかえされた。現世とくらべて天国はどんな色で、どんな音が鳴り、どんな味のものが存在するのか。ヤシの木が生えていると答えたのは、初期キリスト教の著述家で、キリスト教徒となった初のローマ皇帝コンスタンティヌス1世の助言者でもあるラクタンティウス(260年頃〜325年頃)だ。ヤシはローマ帝国では勝利の象徴であるし、イエスがロバに乗ってエルサレムに入城したときにヤシの枝を地面に敷いた逸話から連想して、天国にヤシの木を植えたのだ。

神と天国が時間を超越していることもわかっている。「ペトロの手紙二」には、「主のもとでは、一日は千年のようで、千年は一日のようです」とある(3章8節)。となると天国に昼夜はなく、季節もなければ、1年や1世紀という区切りもないだろう。すべてのことが一度に起きて、それを一度に経験するということだ。17世紀英国国教会の司教ランスロット・アンドリューズは、天国では「何ひとつ色あせることがない」と断言している。「つねに新鮮で緑豊かな春なのだ。地上における季節の盛りが、あちらではずっと続く。季節はいつも永遠の春で、ほかにはない」(J・W・ブレンチ著『英国の説教』、1965年)。(時間の超越はキリスト教の専売特許ではない。古代エジプトの『死者の書』には、死者は伝統的にオシリスと一体化して、自分は昨日であり、今日であり、明日であると宣言すると記されている)。

官能的な楽しみが約束されているほかの楽園とちがい、天国に性行為はない。そう伝えるのが、初のアフリカ生まれの司教で258年に殉教したキプリアヌスだ(だから地上でも性行為はよろしくないと説いている)。「純潔と童貞を貫く者は神の天使に等しく」、天国に入るには天使の清廉さが求められるのだから、良きキリスト教徒は純潔な生涯を送らねばならないと説いた。4世紀にミラノ司教を

上：救済の地図。楽園、贖罪（しょくざい）、秘跡、天国と地獄の要素も入っている。英国北部のカルトゥジオ修道会で1460〜1500年に編まれた、詩と編年記と物語を集めた文集より。

務めた聖アンブロシウスも、著作『楽園について』の中で同じ見解を述べている。「天使さえも純潔を志したのだ。純潔を保った者は天使であり、失った者は悪魔である」

それから1300年近くたった1698年、清教徒のジョン・ダントンは『天国で友人に会えることを証明する小論』を発表した。その中で彼は、死去したばかりの妻とは神が天国で再会させてくれるが、性的な関係はなくなると書いている。不純なことが起これば、「天使たちは耐えきれずに純潔を手ばなし、アダムのように堕落するだろう」

天国には笑いもなさそうだ。中世イタリアで修道制度を開いたヌルシアのベネディクトゥス（480年頃〜547年）の『聖ベネディクトの戒律』を見てみよう。「創世記」28章12節の「すると、彼は夢を見た。先端が天まで達する階段が地に向かって伸びており、しかも、神の御使いたちがそれを上ったり下ったりしていた」をもとに、天国に続く梯子（はしご）があるとベネディクトゥスは述べる。梯子の横木は、天使たちに加わるうえで身につけなくてはならない美徳に対応している。そのうち無私や忍耐はなるほどと思うが、10番目の横木は笑いの不在となっている。「声を高くして笑うのは愚者のやること」とベネディクトゥスは断じ、天国をしめやかな場所にしてしまった。

ローマ帝国下の北アフリカ、ヌミディアのヒッポ・レギウス司教

左ページ上：古代ギリシャの天球説にキリスト教の概念を組みあわせた写本『ホーンビーのネヴィルの時祷書』（1325〜1375年頃）。神の恩寵を失った天使たちが地獄の悪魔と化す。

左ページ下：ビンゲンの聖ヒルデガルトが26回にわたる幻視をまとめた『道を知れ』より、神が示した「宇宙の卵」。

だった聖アウグスティヌスは、ラテン教会で最も重要な教父のひとりだ。主著『神の国』は西洋思想の礎となり、キリスト教がローマ帝国を衰退させたという俗論を一蹴した。彼は『神の国』で、有徳者の受難や邪悪の存在といった神学上の根本的な疑問を取りあげる一方で、天国の実際的な側面にも触れている。悪魔を打ちたおせば、肉体が復活して天国にのぼることができるとアウグスティヌスは考えていた（対してプラトン主義者は、現世の身体のままでは重すぎて天国まで運べないと主張した）。

キリストは、すべての者は「人生の盛り」の年齢で復活すると説いた。子どものときに死んでも、奇跡の成熟を遂げてよみがえるのだ。だが人間は、海に沈んだり、燃やされたり、獣に襲われたりして死ねば、肉体は朽ちて塵となる。これはどう考えればいいのか。アウグスティヌスはそうした問題にも光を当てた。

さらに当時議論されていた問題、神の王国において女は現世とは異なる姿で復活するかについても考察している。女は男からつくられているのだから、復活に際しては完璧な男の姿になるのでは？しかしアウグスティヌスはこれを否定し、「女という性は自然なものであり、欠陥ではない。それに死後は性交や出産の必要性から解放される」という解釈を示した。また天国では神にすべてをさらけだすことから、肝臓などの臓器も透明になり、ありがたいことに食事の必要もなくなるという。神のまなざしのもとでは腸の働きも正常になるので、腹にガスが溜まることもない。

下：ルネサンスの画家フラ・アンジェリコ作「最後の審判」（1425～1431年頃、フィレンツェのサン・マルコ国立美術館蔵）。天国が美しい庭園として表現された最初の作品のひとつ。

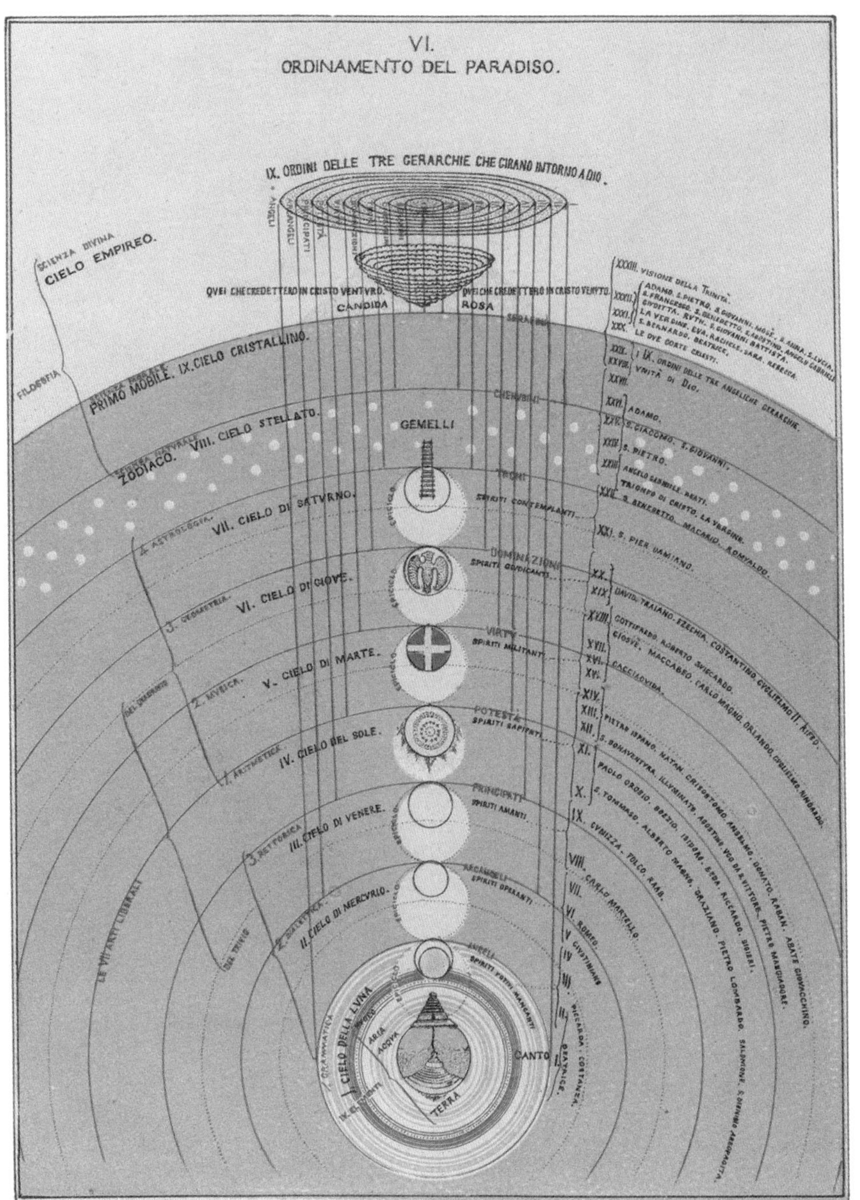

天国を見たという幻視体験

上：ミケランジェロ・カエターニが1855年に描いた『神曲』の宇宙。神の領域である至高天から逆円錐形の階層になっている。

天国や地獄をこの目で見た、あるいは直接行ったとする中世の神秘体験の多くは、信心ぶかい女性の報告だ。教会や修道院で隠遁生活を送り、壁に囲まれた独房で生活し働いていた者も少なくなかった。食事も運動も最小限で、気ばらしや慰めがほとんどない環境では、祈りだけが心の支えであり、彼女たちは可能なかぎり天国に近づこうとひたすら祈りを捧げた。1095年にローマ教皇ウルバヌス2世は、「永遠の配偶者」を見つけるため、「わが身をすりへらして」祈る修道女たちに敬意を払うようにという文書を発令している。

上：ルネサンス期の傑作「聖母戴冠」(1499〜1502年)。ルカ・シニョレッリがイタリア、オルビエート大聖堂のサン・ブリツィオ礼拝堂に描いたフレスコ画。シニョレッリの天国と地獄の光景はダンテの記述に基づいている。

この種の幻視体験で最も知られているのは、ドイツのベネディクト会系女子修道院長であり、著述家、神秘主義者でもあったビンゲンのヒルデガルト(1098〜1179年頃)のものだ。覚醒中に何度も幻視を経験したヒルデガルトは、天国の住人をかいま見たときのことを著書『生命の功徳の書』に書いている。「まるで鏡を通したようにその人びとが見えた。金糸を織りこんだ純白の衣服をまとい、胸から足元まで貴石で飾りたてている(略)黄金とバラとユリが絡みあい、貴石の管を巻きつけた冠を頭にいただいている(略)衣服からは香水のような強い芳香が漂っていた(略)」

中世初期のヨーロッパで町や都市が形成されるにつれて、公衆衛生の問題が出てきた。楽園の描写において、甘い匂いや清浄な空気、ありえないほど豪華な材料でつくられた建物が強調されているのもうなずける。ローマ教皇グレゴリウス1世(在位590〜604年)は著作『対話』の中で、死の一歩手前まで行き、天国を一瞬だけ見て生還した兵士の報告を紹介している。

橋を渡ると、可憐な花や薬草が一面に生える緑の草地が広がっていた。白い服を着た人の一群がいる。あたり一面に漂う甘い香りが、たたずむ者、歩いている者を満たしていく。祝福された人びとの住まいは偉大な光で輝く。黄金のれんがを使い、信じられないほど内部が広い建物もあるが、それが誰のためのものかはわからなかった。

キリスト教の聖人の生涯をまとめた全68巻の百科事典的な大著『聖人行伝』には、ピサのゲラルデスカと呼ばれた修道女の項目がある。彼女は1269年に死去する直前、都市国家のような天国の幻視を見ており、その詳細な描写が伝わっている。「すべての街路は純金と貴石でできていた。大通りには枝が黄金に輝く街路樹が植えられている。木々は種類ごとにこぼれんばかりの花をつけ、その様子は地上で見るどんな楽園よりも美しく魅力的だ」

この都市を囲むようにして、庶民の魂を受けいれる7つの城が並び、おそれおおくも都市の上流者の訪問を年に3度賜る。天国の社会組織の最下層はさほど重要でない砦になっていて、身分がいちばん低い者がそこで暮らす（このあたりは、隠遁生活を送るゲラルデスカが窓から目にした外界の現実を反映している。ヨーロッパ中央部では、1150〜1250年に都市の数が200からおよそ1500に増加したという）。

トマス・アクィナスの天国

持ち前の卓越した知性で、天国がもつ矛盾をひとつずつ追究していったのは、中世イタリアの神学者トマス・アクィナス（1225〜1274年）だ。天国を聖人たちの相互通信体ととらえる考え方もアクィナスから始まっている。「忠実なる信者はひとつの統一体を形成しており、各人の善がほかの者に伝えられる（略）したがって、教会に多くの善の親交が存在すると考えるのが妥当である」。さらにアクィナスは天国の具体的な細部にも検討を加えており、著書『神学大全』で「創世記」に触れた箇所でこう書いている。「動植物は人間の生命を維持するためにつくられたものであるから（略）人間の肉体の生命が存在しないなら、動植物も必要なくなる」

死後世界に動植物は存在しないらしい。それに加えて、天国に入った魂は動きを止め、ほんとうに永遠の安息に入るという。そして身体は天使や聖人とも異なる独特の光を放つ。アクィナスは天国からの眺望も描写している。とくに詳しいのは地獄に落ちた者が受ける数々の刑罰で、これは当時の一般的な考え方だった。天国の住人たちは地獄の魂を憐れむわけでもなく、むしろ神の裁き

次見開き：アドリアン・ファン・デ・ヴェンヌ作「魂の引きあげ」。八十年戦争の12年間の休戦条約中（1609〜1621年）の1614年に描かれた寓意画で、宗派間の警戒心を表している。

EVAN
GELI
PISC
TOR
ANNO
1614

が正しく行われた喜びに浸る。のちの米国の神学者ジョナサン・エドワーズ（1703～1758年）も同じ立場だったことが、サミュエル・ホプキンズによる伝記『故ジョナサン・エドワーズ師の生涯と人柄』（1765年）に書かれている。地獄の炎が消えると「天国の明るさは格段に落ち、そこに集う魂の幸福と栄光の大部分は消えうせる。神の永遠の王国はひどく損なわれて取りかえしがつかないことだろう」と書かれている。

ダンテ『神曲』の「天国篇」

大衆が思いえがく天国像に関しては、その定着に貢献した2人の人物を避けて通ることはできない。ひとりはエマヌエル・スウェーデンボリ（127ページ参照）だが、彼に再登場を願う前に、ダンテの『神曲』の「天国篇」とその遺産を見ておこう。そこにはミケランジェロ・カエターニ（113ページ参照）が1855年につくり、ダンテの世界をわかりやすく図解した地図も含まれる。ダンテは「地獄篇」や「煉獄篇」と同じように、天国の光かがやく漠然とした印象を明確に設計しているが、細部は趣きがかなり異なる。

地獄で罪人が受ける責め苦のような場面は、「天国篇」にはない――地獄での苦しみは、自らが選択した行動の結果だからだ。舞台は神の王国ということで、登場人物の自我は取りのぞかれる。火が燃えさかる冥府で苦難に耐えるのではなく、神への愛と専心にひたすら努め、神とその意思を理解するまで自己を高めることが、有徳者のめざすところだ。天国でダンテが出あう魂たちは、神に愛される喜びに浸りながら、肉体が戻ってくる復活のときを待っている。

「地獄篇」ではダンテは地下深く降りていったが、天国はその反転になっていて、詩人は地上を離れて空高くのぼり、天球を通過していく。土台になっているのは、地球を中心として巨大な水晶の天球が同心円状に取りかこみ、それぞれに惑星が埋めこまれているというプトレマイオスの宇宙観だ。ロシアのマトリョーシカ人形が透明になったような入れ子式の宇宙で、各天球が回転して星を運行させると考えられていた。上昇を続ける中で、ダンテはさまざまな人物と出あうが、いちばん外側で神の座所である至高天に近づくにつれ、人物の姿は鮮明になり、輝きを帯びていく。

たとえば第一の月天には、人生の正しい道を貫くことができなかった、移り気な女性たちが住んでいた。そこから水星天、金星天、太陽天（トマス・アクィナスなどの神学者がいる）、火星天、木星天、土星天と続き、さらに恒星天を経て、原動天を抜けた先が至高天

上：ヒエロニムス・ボス作「祝福された者の上昇」（1505～1515年）。一糸まとわぬ姿の魂が、天使のみちびきで光のトンネルの向こうにある天国をめざす。その先には彼らの到着を待つ人影がある。最下部には天使の助けで上昇を待つ魂もいる。

だ。9つの回転する天球の中心に、まばゆい光の点が見えてきた。それは神の姿だった。天球はいつのまにか天使の9つの合唱隊になっている。すべてが円環と球で構成されているのは、当時の宗教的、科学的な観念をみごとに統合した結果だ。1861年にギュスターヴ・ドレが描いた挿絵は、最も印象的で色あせない天国像を確立した(213ページ参照)*1。

人間の中にある天国

17世紀に入ると天文学が発達し、望遠鏡の性能も上がっていく。しかしいくら観察しても、天国はちらりとも見えてこない。星々のあいだに、あるいはその先に天国が見つからないとなると、いったいどこにあるのか? そんな疑問に対する答えのひとつが「別のところ」だった。ドイツの神秘主義者ヤーコプ・ベーメ(1575〜1624年)は、死後に魂がどこに行くのかという質問に対し、天国や地獄は場所ではなく、自身の中にあると示唆している。「どこかへ行く必要などない(略)魂はすでに天国と地獄を自らの中にもっている(略)そこへ入るといった行為もない。なぜならあらゆる場所が天国と地獄であり、この2つは普遍的に共存しているからだ」

真正水平派はディガーズとも呼ばれ、原始的な共産主義を掲げた急進的プロテスタントの一派で、その創設者のひとりジェラード・ウィンスタンリー(1609〜1676年)は、皮肉を込めてこう書いている。「天国が外部にあるという考えは、財布を盗むニセ教師が相手を喜ばせるために耳に吹きこむたわごとだ」。同じく17世紀に出現した喧騒派という民衆運動でも、その一員だったウィリアム・ボンドが1656年に次のように主張している。「天国にしろ地獄にしろ、人間の良心にのみ存在する。財産を築いて裕福な生涯をまっとうすれば、すなわちそれが天国である。貧しく悲惨な人生を送り、牛馬のように死んだ者は、それが地獄ということだ」。英国の探検家サー・ウォルター・ローリー(1552年頃〜1618年)は天国と地獄は存在しないと断言し、「我々は畜生のように死ぬ。死んだあとは何の痕跡も残らない」と言ったとされる。

スウェーデンボリの幻視

このように天国の存在を厳しく否定されると、いっそう強烈に映るのがスウェーデンの神秘主義者エマヌエル・スウェーデンボリ

*1　ギュスターヴ・ドレは『神曲』のために135点の挿絵を描いたが、売れゆきを危ぶんだ版元が難色を示したため、ドレは自費出版した。すると2週間で完売となり、版元から電報が届いた。「大成功! すぐ来られたし! 私がバカだった!」

次見開き:ルネサンス期のネーデルラントの画家ピーテル・ブリューゲル(父)作「叛逆(はんぎゃく)天使の墜落」(1562年)。「ヨハネの黙示録」にある、ルシフェルと堕天使たちが地獄へ落ちていく場面を描いている。

(127ページ参照)による幻視の記述だ。スウェーデンボリは天国を見た幻視体験を18冊の著作にまとめており、なかでも『天界の神秘』(1749〜1756年)の記述は真に迫っている。「光の中から直接現われたものについて、あなたに伝えよう」という書きだしに続いて、天国の描写が始まる。「ダイヤモンドのような大気がある。まるでダイヤモンドの粒でできているような、微細な要素がいっせいに光を放っている(略)内側から光る透明な真珠でできているような大気がある(略)金色、あるいは銀色、もしくはダイヤモンドのような金銀で燃えたつ大気がある。小さすぎて目に見えない、色とりどりの花でできた大気がある」。天国にある庭は「どれも息をのむ。広大な公園にはありとあらゆる種類の樹木が立ちならび、その美しさ、その魅力たるや、どれほどたくましい想像も受けつけないほどだ。すべてのものが春の盛りを謳歌しており、その勢いと多彩さには目をみはる」

スウェーデンボリは天国の構造的な部分もしっかり観察している。「町や屋敷の様子に加えて、階段や玄関扉などの装飾的な要素が目に入ることがあった。それはまるで生きているかのように動き、変化して、新鮮な美と均斉を見せてくれる」。さらには天使の家まで見学したようだ(天使の永遠の生命を自ら体験したとも主張している)。

天使はそれぞれ住む家を所有している——実に立派な家で(略)これ以上ないほど明瞭に視界に飛びこんでくる。これにくらべたら地上の家々は無に等しい(略)良き魂、天使のような魂が暮らす家はたいてい柱廊を構えている。あるいは玄関までの長い通路があり、ときに二重のアーチ屋根の下を歩くようになっている。通路の壁は多種多様な形をしており、花や精巧に編まれた花輪で飾られている。

スウェーデンボリの天国はロマンチックで、地上の世界と鏡あわせになっている。最も高い天界ではエデンの園が復活しており、裸の天使たちが飛んでいる。「裸は純潔を意味するのだ」

現代の天国像

こうした描写が何世紀にもわたって堆積してできあがったのが現代の天国像だが、その概念はいまも華やかに進化を続けている。1999年7月にローマ教皇ヨハネ・パウロ2世は、ヴァチカンのサン・ピエトロ広場に集まった巡礼者を前に、天国は白い雲が流

左ページ:ダンテ『神曲』の「天国篇」に登場する至高天は神の居場所である最も崇高な天国だ。ギュスターヴ・ドレが描いた挿絵より。

次見開き:物質世界を離れて神の都をめざす船に教会をなぞらえた1783年の印刷画。カトリックの派閥が主導権争いをしている。下敷きとなったユグノー戦争の寓意画は、ビヨムにあったイエズス会系大学から1762年に押収され、フランスにおけるイエズス会解体の根拠に使われた。

TYPUS
Estô, fremant undæ, tonet æther, et ad iter anhelus
Prôruat ex imis stagna refusa vadis:
Tu modò suspicias oculis, et mente MARIAM,
Ibis, et incolumis litora tuta leges.
DONUM TIMORIS
Humilitas
Temperantia
PORTUS
SALUTIS
Curiositas
Acedia
Detractio
Estampe, du Tableau trouvé dans l'Eglise, des ci-devant

RELIGIONIS
Fortitudo
Concupiscentia oculorum
Initium omnis peccati est superbia. Qui tenuerit illam, adimplebitur maledictis, et subvertet eum in finem. Eclae. 10.
Gulosi
Qui volunt divites fieri, incidunt in tentationem, et laqueum Diaboli.
MARE
Navis Secularium, quibus arma spiritualia à Religiosis viris suppeditantur
Sagittæ parvulorum factæ sunt plagæ eorum, et infirmatæ sunt contra eos linguæ. Ps. 63.
HÆRETICI
INSULTANTES
-disans-JÉSUITES de Billom en Auvergne. 2 Jn 1762.
Billom. le 18 Juillet 1763.

上左：英国の画家であり、霊媒師でもあったジョージアナ・ホートン（1814〜1884年）が描いたキリストの肖像。

上右：ホートンが描いた天国の場面。1859年の私的な降霊会で、死者の魂が彼女の手を借りて描くという「心霊描画」を始めた。1871年にロンドンで開いた展覧会は大失敗に終わり、ホートンは破産寸前まで追いこまれた。

れ、たくさんの天使が浮かんでハープの調べが流れる場所ではなく、死後の「存在のありよう」だとはっきり宣言した。「我々がいずれ身を置くであろう天国は、抽象的な概念でもなければ、雲間に浮かぶ物理的な場所でもありません。天国は個人と三位一体とのあいだに息づく関係であり（略）神との親密な交わりなのです（略）天国は、生前イエス・キリストに忠実でありつづけ、ついに神の栄光とひとつになった人たちの祝福された共同体です」

この発言からしばらくして、ヴァチカンで発行されているオッセルヴァトーレ・ロマーノ紙の主任神学者ジーノ・コンチェッティ神父は、天が地上に速達便で送ってきた知らせがまだあるとして、次のように書いている。「この地上に生きる者と、永遠の休息に入った者との通信は可能であり（略）人生の重要な局面で私たちを導くために、天国にいる愛しい者たちが神の許しを得て便りをよこすこともありうる」

天国像は今後どうなっていくのだろう？ ユーリイ・ガガーリンがボストーク1号で宇宙飛行を行った1961年、宇宙開発競争への人びとの熱狂ぶりにのまれたヴァチカンの公式スポークスマンは、宇宙飛行士はよその惑星で天使に遭遇するかもしれないと声明を発表した。それからおよそ半世紀が過ぎた2012年にも、ヴァチカンの天文学者でイエズス会修道士のガイ・コンソルマグノは、

USカトリック紙のインタビューを受けて、地球以外のどこかに知的生命体が存在する可能性は理論的には充分あると話し、こう続けた。「もし知的生命体が発見できたら、神がイエス・キリストの姿となって現れたことについて、興味ぶかい対話ができるでしょう」

上：霊媒師を通じてもたらされ、死後世界がたしかに存在すると伝えるために描かれた作品。第一次世界大戦で看護師として従軍（英国従軍記章と勝利記章を授与されている）したのち、1920年に霊媒師となったエセル・ル・ロシニョールの『名誉の使節』（1933年）より。

エデンの園を地図にする

望郷の楽園を地上にさがす

ウェールズ語には「ヒライス(hiraeth)」という美しい言葉がある。ほかの言語に移し変えるのは難しいが、遠く去った人や土地に抱く哀切きわまりない感情、行ったことのない場所に焦がれ、懐かしく思う魂の郷愁といった意味だ。エデンの園という非現実の概念に具体的な所在地を与えるためにヨーロッパで何世紀にもわたってつくられた地図を集めながら、私の頭に浮かんだのがこのヒライスだった。エデンの園の逸話には長い歴史があり、私たちを魅了してやまない。人間が初めて手に入れた完璧な故郷は、いくつもの大海を超えたどこかで眠りにつき、ふたたび発見されるの

下：アヴランシュ司教ピエール・ダニエル・ユエの理論をもとに、ピエール・モルティエが1700年に製作した地図「エデンの園」。付された説明は以下のとおり。「地上の楽園および聖書の族長たちが住む国の地図。神聖な歴史を正しく理解するためにピエール・ダニエル・ユエ師が企画」

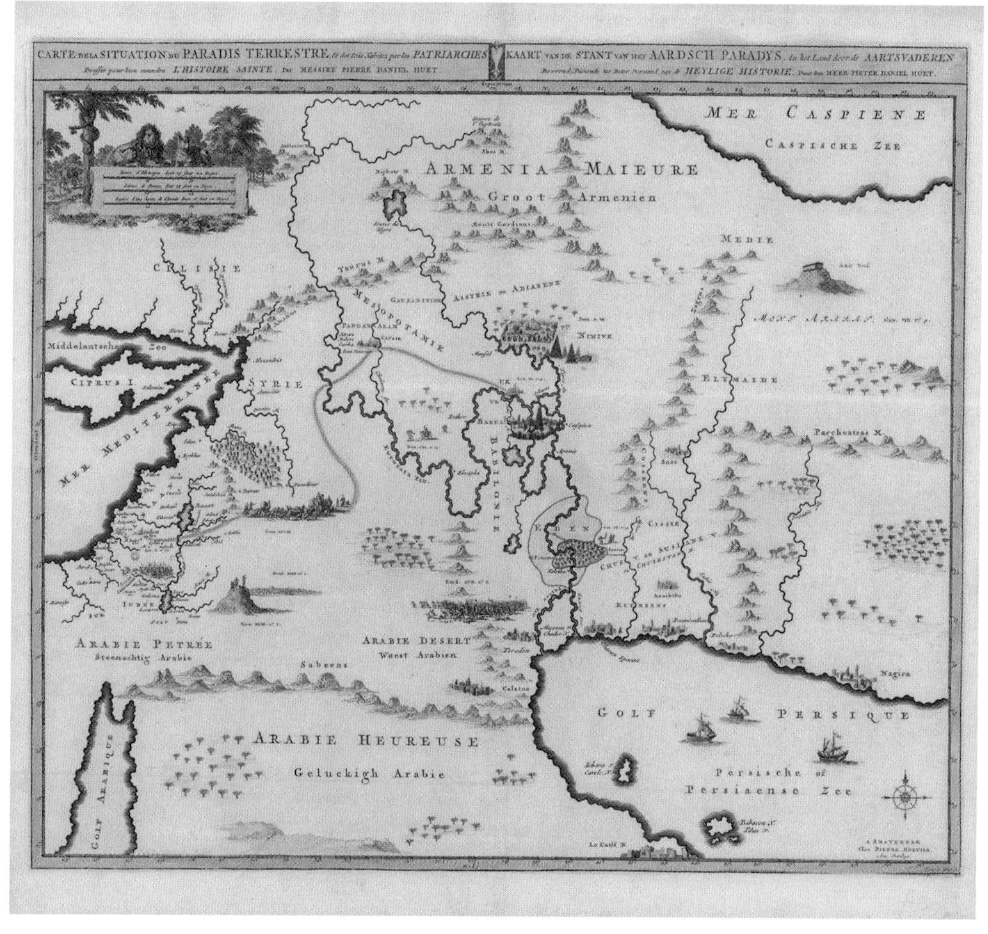

左：マルティン・ルターのドイツ語訳聖書（1534年）のためにルーカス・クラナッハ（父）が描いた「エデンの園」。

を待っている。ひょっとすると地上における天界の小宇宙は、砂漠のオアシスやはるか東方の孤島で繁栄しているのかもしれない。

「エデンの園は実在する」

エデンの園は実在すると多くの人が信じていた。クリストファー・コロンブスの3度目の探検航海（1498〜1500年）は、地上の楽園を見つけることが目的だった。カトリック両王から資金を引きだす方便だったと思われるが、この航海でベネズエラのオリノコ川を発見したコロンブスは、これがエデンの園を流れる4本の川のひとつだと宣言した。さらに先住民が無垢なのは、彼らが天国のすぐそばにいるからだと賛美した――にもかかわらずコロンブスは、現地の富を略奪することはやめなかった。

エデンの園は、神が「アダムを追放し、命の木に至る道を守るために、エデンの園の東にケルビムと、きらめく剣の炎を置かれた」ところだ（「創世記」3章24節）。4つの大河、すなわちピション川、ギホン（ナイル）川、ヒデケル（ティグリス）川、フィラト（ユーフラテス）川が流れだす場所でもある（ジャイナ教、ヒンドゥー教、仏教に伝わるメール山や須弥山もこれによく似ている。太古の人間が住み、神の座所でもある）。

次見開き：ヒエロニムス・ボスによる三連祭壇画「快楽の園」（1500年頃）。左のパネルはエデンの園、右のパネルは最後の審判で、中央は裸の人物や幻想的な生き物が描かれた楽園の風景。

上：「楽園のアダムとイヴ」（1615年頃）。ヤン・ブリューゲル（父）とピーテル・パウル・ルーベンス、二大巨匠の合作。

だが、「創世記」の記述は聖書の注釈者たちを悩ませた。アダムとイヴの園は地上にほんとうにあったのか？ もしそうなら場所はどこで、いまも見つけられるのだろうか。ヨーロッパのローマ・カトリック界は、何世紀にもわたって地上の楽園の場所探しと地図製作に取りつかれることになった。そのきっかけは、5世紀の聖アウグスティヌスが行った聖書の字義どおりの解釈だった。聖書内のできごとはすべて神と人類の交信であるという彼の説明は絶対的な権威をもち、エデンの園も地上の特定の場所だと理解されることになった。

はるか東方のどこかに、4本の川が流れる園がある――地図上にエデンの園を描いた最古の例でも、この基本はしっかり守られている。中世ヨーロッパで多くつくられた「マッパ・ムンディ」と呼ばれる世界地図の多くは東を上に置き、伝説と地理が混在する世界が描かれ、最上部にイエスがいる。右ページは「詩篇」の写本の中にあったことから「詩篇の世界図」と呼ばれるマッパ・ムンディで、小ぶりではあるが、中世の世界地図の最高傑作のひとつとされている（ただしこれは後年の複製と思われる。本物は1230年代半ば頃、ウェストミンスター宮殿のヘンリー3世の寝室に飾られていたが、その後所在がわからなくなった）。有名なマッパ・ムンディであるヘレフォード図と同

左:1262〜1300年頃にロンドンで製作された「詩篇の世界図」。イエスの真下でアダムとイヴが顔をのぞかせる。地図の中心はエルサレムで、左下がイギリス諸島だ。

様、細部を見ると、当時は古代史、聖書、地理がどう理解されていたかを知ることができる。地図内にはエデンの園の逸話も描かれており、イエスのすぐ下から4本の川が流れ、川の真上でアダムとイヴが顔をのぞかせている。

地図から消えていく園

1406年、2世紀の学者プトレマイオスの著作『地理学』の写本が、ビザンティン帝国の都コンスタンティノポリスからベネツィアに届いた。西欧では現存しないと思われていたこの著作は、ヤコポ・アンジェロの手によってラテン語に翻訳され、ヨーロッパの地図製作を根本から変革することになる。すでに海図の進歩もあって、歴史の絵画表現であるマッパ・ムンディとは一線を画し、実用的な、つまり科学的な目的での地図づくりが求められるようになっていた。それでも東の方角を上にするマッパ・ムンディの形式が、数学的な座標体系を導入し、地図の上が北で統一されたプトレマイオス式に代わるのは15世紀に入ってからである。

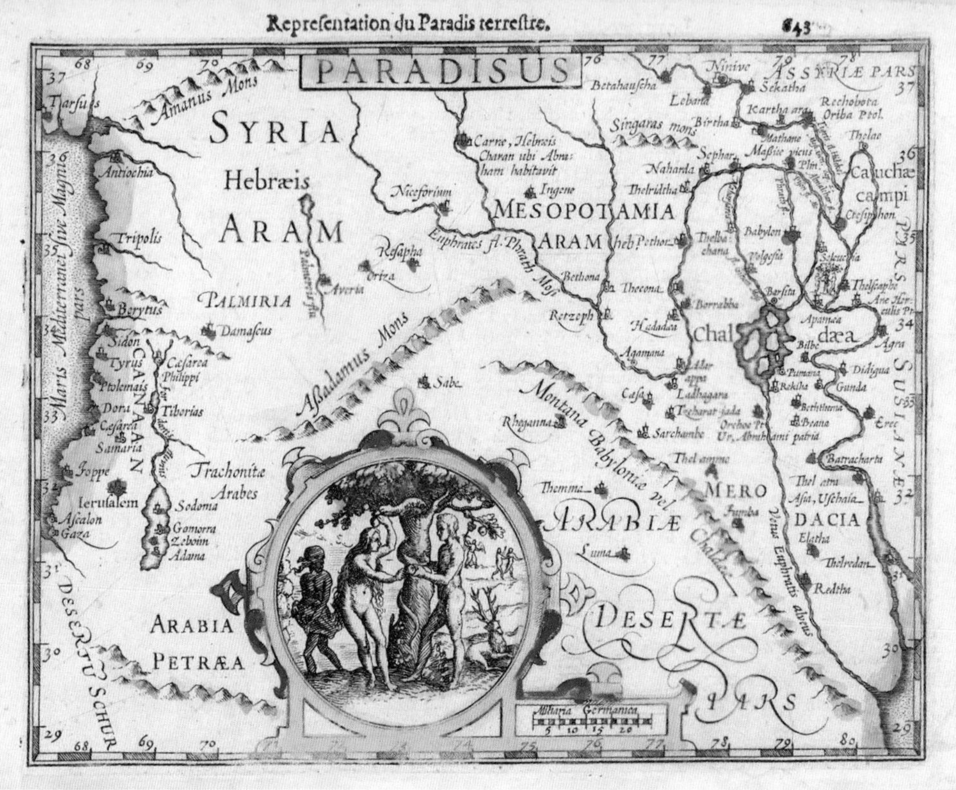

上：メルカトルとホンディウス作の1607年の地図。バビロンの近くに楽園がある。

ここでルネサンスの地図製作者は問題に直面する。正確さが最優先で、宗教的な装飾が二の次になった地図では、地上の楽園といった信仰に基づく要素の入る余地がなくなったのだ。地図から消えていくエデンの園は、16世紀を境に近代的思考が進歩したことを象徴していた。そして当然のことながら、聖書の逸話を合理的に説明する試みも行われた。人文主義者ヨアヒム・ヴァディアヌス（1484〜1551年）やヨハネス・ゴロピウス・ベカヌス（1519〜1573年）は、エデンの園は具体的な土地ではなく、罪が出現する前のアダムとイヴの至福の存在だと述べている。またマルティン・ルター（1483〜1546年）は、人間の罪が引きおこした大洪水でエデンの園も破壊されているはずだから、所在地を論じても無意味だと断じている。

フランスの神学者ジャン・カルヴァン（1509〜1564年）も、エデンの園が洪水で流され、失われたとする意見に同意しつつも、神は人間への慈愛から、地上に楽園の面影を残してくれたと考えた。そして著書『旧約聖書注解 創世記』（1553年）にメソポタミアとそこを流れる川の地図を入れ、ここにかつてエデンの園があったと主張している。4本の「川」とは「水系」の意味で、エデンの園に流れこむ2本の川と、そこから流れだす2本の川があったと解釈し、メソポタミアならばつじつまが合うと説明した。カルヴァンのこの説は16世紀に出版された多くの聖書に採用され、手を加えられてい

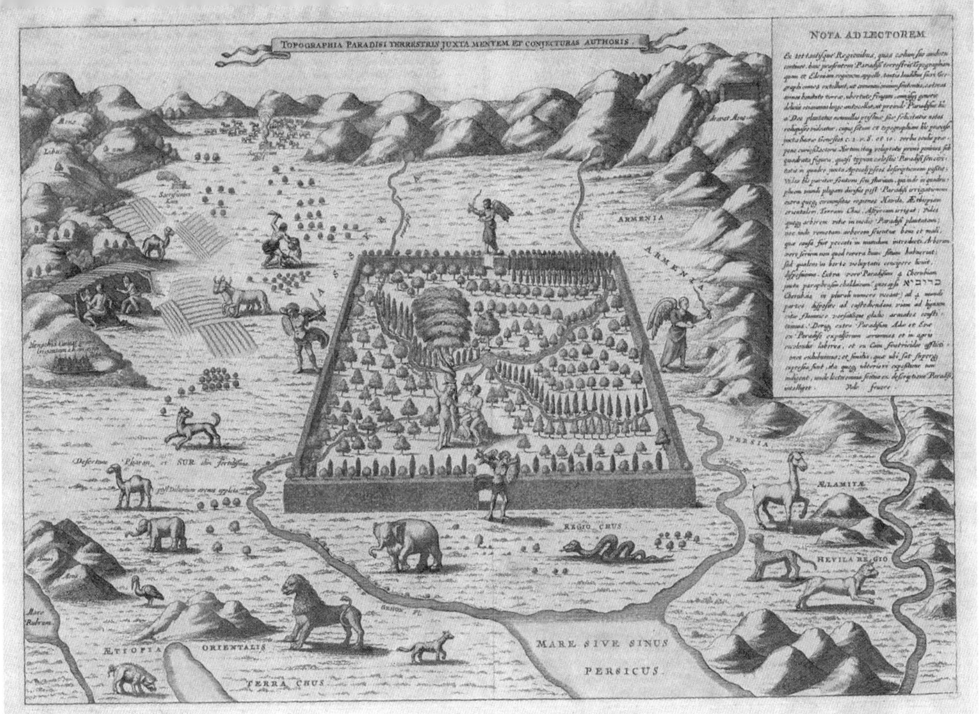

上：アタナシウス・キルヒャー作「地上楽園地図」(1675年頃)。「創世記」に登場する地上の楽園を地図にしたもの。

く。なかには地図にアダムとイヴが堕落した場所を示したものもあった。1607年にゲラルドゥス・メルカトルとヨドクス・ホンディウスが出版した地図『楽園』は地理的に格段にくわしくなっているが、それでも従来の形式を踏襲して、リンゴの木の下のアダムとイヴの絵が大きく描かれている。

だが4本の川が流れるエデンの園は、それからすぐに姿を消す。ホンディウスから数年後にサー・ウォルター・ローリーが出版した「幸福のアラビア」という地図には、聖書にまつわる数々の挿絵が配されている。その中に地上の楽園もあるが、このあたりが最後だろう。エデンの園が大洪水で流された話は根づよく残っていたが、メソポタミア説が下火になり、ユーフラテス川上流からオルーミーイェ湖、黒海、シリア砂漠まで含む地域を指すアルメニア説が有力になった。

おそらく聖書のピション川をリオニ川(ジョージアを流れる川)に、ギホン川はアラス川(トルコに水源があり、現在のトルコ、アルメニア、イラン、アゼルバイジャンの国境を流れる川)と解釈したのだろう。エデンの園の所在地に新説が登場したわけだが、こちらは地理的な整合性より教義の都合が優先されていた。18世紀に入るころには楽園の地図は昔風の装飾物となり、想像と宗教の世界で永遠に青々と若葉を茂らせているだけになった。

トマス・モアのユートピア

社会風刺となった楽園

聖書の天界と地上の楽園をあれこれ見てきたが、最後はそこから派生した近代的牧歌の楽園、ユートピアで締めくくるとしよう。ユートピアは英国のトマス・モア卿（1478〜1535年）が、1516年の著作の表題および物語の舞台として、ギリシャ語の接頭辞「ou（ない）」と「topos（場所）」を合わせてつくった造語だ。つまり「どこにもない場所」という意味である。

「どこにもない」ユートピア

モアは法律家、人文主義者、政治家であり、カトリックの殉教者でもある。1521年に国王ヘンリー8世からナイトの爵位を授けられ、1935年にはローマ教皇ピウス11世によって列聖された。裕福な商家に生まれたモアは活発な著述活動を通じ、人文主義が芽ばえはじめていた16世紀ロンドンを代表する知識人となる。

『ユートピア』はモアの最も有名な作品で、架空の島にある共産的な異教の都市国家の宗教、政治、社会が詳細に語られる。それは基本的に16世紀のロンドンとは正反対の楽園だ。今日ではたんに『ユートピア』と呼ばれるが、1516年の刊行時の表題はもう少し長く、『最善社会およびユートピア新島に関するおもしろくて有益な小書』だった。モアはこの書でユートピアの何たるかを説明し、人文主義者や高級官僚といった想定読者層の心をつかんだ。

幻想世界や異世界を描くユートピア文学はここから始まった。後続のすべての作品と同様、元祖『ユートピア』も当時の社会を風刺してざわつかせることがねらいだった。社会の風潮を修正し、ときに行動まで引きおこすひとつの常套手段だ。『ユートピア』は1516年のロンドンを明るく浮かびあがらせる強烈な照明弾であり、そこに描かれた都市の特徴は、モアが生きていたロンドンの痛烈な告発になっていた。モア自身は法律家だったにもかかわらず（むしろそれゆえか）、ユートピア社会にその種の職業は皆無である。

モアはその後英国王ヘンリー8世の大法官まで務めるが、この本では土地私有を口をきわめて非難し、共同所有を支持している。資本主義的な社会秩序は、「強欲で無節操で無能な」連中がたくらんだ「金持ちの陰謀」だと毒づいた。貧者の労働を食いものにする貴族、賃借人を追いたてる地主は「飽くなき大食家であり、故国をむしばむ宿痾（しゅくあ）」であると断罪している。これに対してユートピア人は土地の耕作者（アグリコラエ）であり、所有者（ドミニ）ではない。農作の収穫は全員が貢献した成果だ。

ユートピアでは、君主が一度に所有する金は1000ポンド（約

左ページ：トマス・モア著『ユートピア』の1518年版の挿絵としてアンブロシウス・ホルバインがつくった木版画。左下でラファエルがユートピア島について説明している。

VTOPIENSIVM ALPHABETVM. 13

a b c d e f g h i k l m n o p q r ſ t u x y

TETRASTICHON VERNACVLA VTOPIENSIVM LINGVA.

Vtopos ha Boccas peula chama.
polta chamaan
Bargol he maglomi baccan
ſoma gymnoſophaon
Agrama gymnoſophon labarem
bacha bodamilomin
Voluala barchin heman la
lauoluola dramme pagloni.

HORVM VERSVVM AD VERBVM HAEC EST SENTENTIA.

Vtopus me dux ex non inſula fecit inſulam.
Vna ego terrarum omnium abſq; philoſophia.
Ciuitatem philoſophicam expreſſi mortalibus.
Libenter impartio mea, non grauatim accipio meliora.

b 3

左：ユートピアで使われるアルファベット。

450kg）までと誓約する。ただそれ以前に貴金属の価値はおとしめられており、金銀でつくられるのは寝室用便器や足枷（あしかせ）といった卑近な道具だ。アネモリア国の使節団がユートピアを訪問した際、金の衣装や首飾り、指輪、宝石で飾りたてていたのを見たユートピア人は、彼らを奴隷か愚か者だと思ったという痛快なエピソードもある。

『ユートピア』の反響

ユートピアでは「誰も何ひとつ所有していないが、全員が豊か」だという。戦いは動物がやることであり、軍は解散している。人びとは自らの精神を耕し、真の幸福を見いだすことに時間を惜しまない。すべての市民は有意義な職業につかねばならないが、働くのは1日に6時間だけ。余暇は「男も女も等しく」知的向上に努め

上：トマス・モアに触発されたオルテリウスのユートピア地図。印刷された12部のうち現存するのは1部だけである。

る。売春宿や居酒屋は見あたらない。だがユートピアの生活もつねに安泰というわけではなさそうで、妻が夫の足元にひれふして、家事の手ぬきをわびる日がある。不義を働いた者は奴隷にされる。男は結婚に同意する前に、相手の女を裸にして確認することができるが、女にも同じ権利が与えられている。自殺は罪だが安楽死は許される。

ほかにも刑罰、国が管理する教育制度、多宗教、離婚、安楽死、女性の権利などが論じられている。『ユートピア』はヨーロッパの各国語に翻訳され、新しい文学領域を切りひらいた。持てる学識と機知と想像力を存分に発揮したこの著作によって、モアはヨーロッパを代表する人文主義者の地位を確立した。また島の風景画やユートピア語の解説と並んで、芸術的な価値の高い作品も派生的に生まれている。そのひとつがオランダの地図製作者アブラハム・オルテリウス（1527〜1598年）が『ユートピア』に刺激を受けてつくった地図で、印刷された12部のうち現存するのは1部のみである（上図参照）。

食の楽園コケイン

中世ヨーロッパが夢見た桃源郷

中世のヨーロッパにも、下世話な欲求を満たす楽園へのあこがれがあった。たらふく食べたい衝動に応えてくれる桃源郷コケインは、キリスト教の天国に立ちはだかる強力なライバルだった。今日ではすっかり忘れられているが、中世の民衆は寝ても覚めてもこの幻想の楽園に夢中で、この時代の物語や諷刺の文章からは何万もの用例を拾うことができる。

下：ピーテル・ブリューゲル（父）がコケインとその住民を批判的に描いた作品（1567年）。大食と怠惰の重罪にふける人びとの空疎な内面が表現されている。

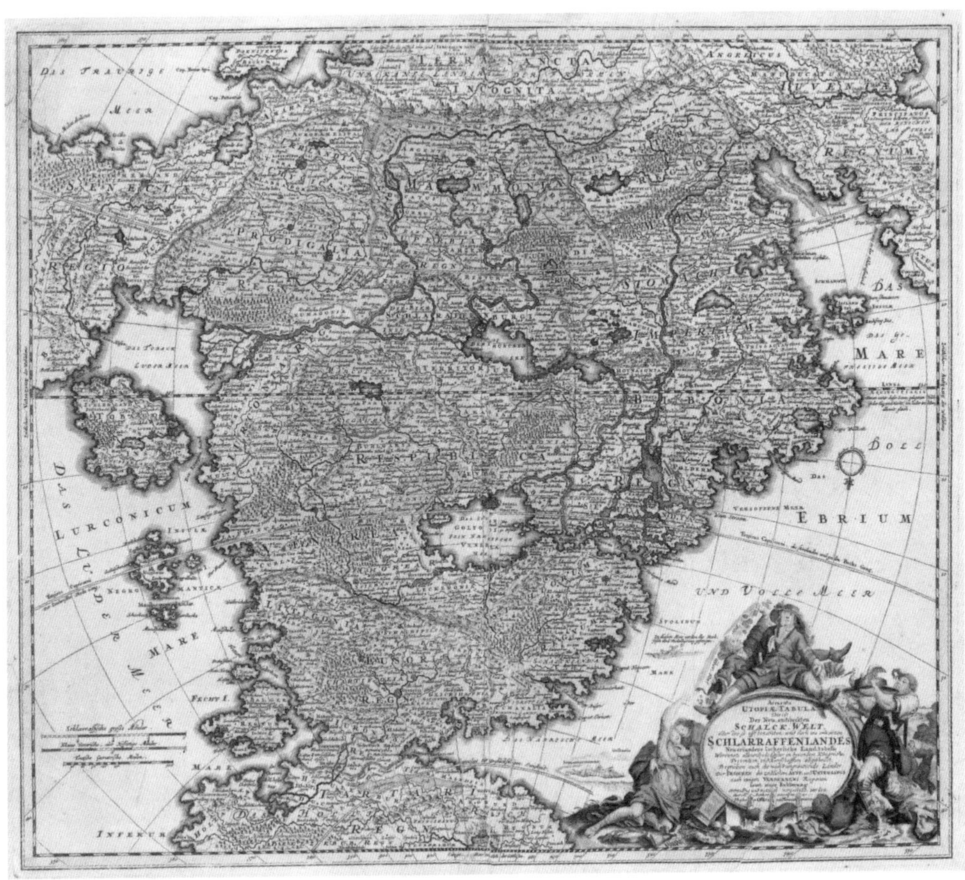

上：ドイツ版コケインである「のらくら国（シュラヲフェンラント）」の地図（1725年）。ドイツの地図製作者ヨハン・ホーマン作。ピグリタリア（怠惰の国）、ルルコニア（大食の国）、ビボニア（飲酒の国）とそれぞれの悪徳が王国になっている。

飽食とごろ寝の日々

コケインの魅力はわかりやすい。現実の決まりがすべてひっくりかえる裏がえしの世界なのだ。夢の世界は、言ってみれば夢を見た人だけの現実だ。けれどもコケイン幻想は社会階層や所属に関係なく誰でも抱くことができる。日常生活での労苦や困難がコケインでは逆転するのだ。それは宗教的な楽園の反転でもあった。

コケインでは罪ぶかき大食と怠惰は奨励されるばかりか、生活の基本になっている。労働は禁止で、家は食べ物でできている。丸焼きの豚が、肉を切りとってくださいとばかりにナイフを背負って歩きまわっている。腹が減ると、焼けたガチョウが口に飛びこんでくるし、焼いた魚が川や滝から跳ねあがって足元に落ちてくる。空から雨のように降るのはチーズ、果物の砂糖づけ、バターを塗ったヒバリだ。樹木はバターでできている。修道士は修道院長を打ちまかし、尼僧は喜んでお尻を出す。睡眠には報酬が支払われ、気候はいつも快適で、ワインの雨がやむことはなく、誰もが永遠の若さを保ちつづける。

コケインの語源は意見が分かれるが、「ケーキ」を意味する言葉に由来するという説が有力だ。最初期に登場するのは、11世紀後半にアイルランドで書かれた『マッコングリンの幻視』である。これはよくある聖人幻視譚のパロディで、大食の悪魔にとりつかれた王が、けたはずれに貪欲なコケインを幻視して治癒したという話が入っている。ドイツで「シュラララフェンラント」、イタリアで「パイーゼ・デッラ・クッカーニャ」、オランダで「ヘッツ・レイレックランツ」(いずれも「甘美なる怠惰の国」という意味)と呼ばれる場所や伝説はここから来ている。スペインとスウェーデンでも、それぞれ「パイス・デ・クッカーナ」、「ルバーランド」という伝説がある。後者は英語の「lubber(太った怠け者の意味)」に由来し、1685年にはブロードサイドという片面刷りでこの手の俗謡が売られ、広く親しまれた。

上:1629年6月23日、ナポリ総督アントニオ・アルヴァレス・デ・トレド公の祝祭で、ポルタ・デル・カプート通りに建てられた食材の大門。上部の豚の口から花火があがったという。

1隻の船があると思っておくれ
それが川を進んでいる
ラバーランドからこのたびやってきた
あんなところはどこにもない
のらくら暮らしが好きならば
ぜひとも行ってみるがいい
ドーバーから2000リーグも離れてないとさ
(J・ディーコン作「ラバーランドへのお招き」より)

その後のコケイン

コケイン幻想は中世末期にはすたれ、大食をいましめる道徳的な話に変わっていった。その後の歴史の中には、往時の痕跡を見

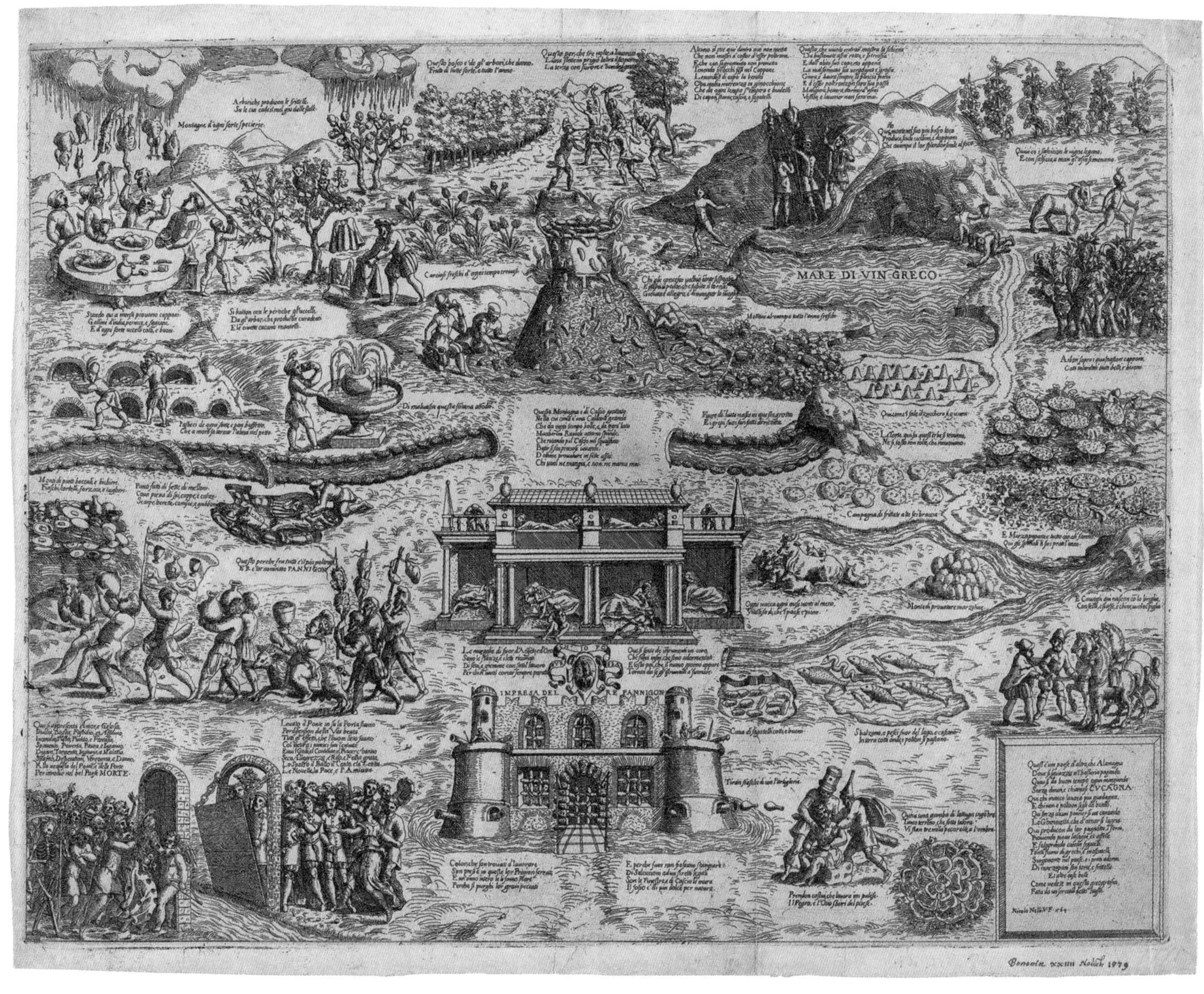

上：ニッコロ・ネッリ作「コケイン図解」（1564年）。

ることができる。20世紀初頭の英国では、コケインは道徳家のあいだで大食と酩酊の隠喩として使われる一方、首都ロンドンの代名詞にもなった（作曲家エドワード・エルガーは1900年に演奏会用序曲「コケイン（ロンドンにて）」作品40を作曲している）。

イタリアのナポリには、「コケインの木」という風習が残っている。脂を塗った丸太のてっぺんにハムの塊が刺してあり、上まで登った者がもらえるというものだ。だが、もっとすさまじかったのが16〜18世紀に行われていた「食べる記念碑」だ。建物が食べ物でできていたという夢の国をしのんで、祭りや王族の祝いごとに大量のパンやチーズ、肉、デザートを積みあげて建造物をつくるのだ。これはクッカーニャと呼ばれ、貴族が好む娯楽のひとつだっ

た。上図は「王宮広場につくられたクッカーニャ」という題がついたジュゼッペ・ヴァシ作の版画だ。1747年、ナポリ王カルロス7世(後のスペイン王カルロス3世)に息子フェリペが誕生したことを祝して、王宮正面に建てられた。ベーコン、パンチェッタにプロシュート、熟成を重ねたカチョカバッロというチーズ、パン、ソプレサッタというドライサラミ、生きた雌鶏にガチョウにハトと、ごちそうが一分の隙もなく詰めこまれている。丘に続く小道と手すりはチーズで覆われ、中央の噴水からワインが湧きでる。高々と立つ2本の棒は脂を塗ったクッカーニャの木で、頂上にたどりついた者がもらえる高級な衣類一式が揺れている。画面左右にいる飢えた平民たちがなだれこみ、食べ物をめぐって争ったり、あとで食べるために持てるだけ持ってかえろうとする浅ましい騒ぎを、集まった王侯

上:1747年11月16日、ナポリ王カルロス7世が最初の息子フェリペの誕生を祝し、王宮正面に建立させた「クッカーニャ(コケイン)」記念碑の版画。農民たちが庭園に押しよせて必死に食べる様子を王族が見て楽しんだ。

Cuccagna posta sulla Piazza del Real Palazzo
A. Casino coperto di Lardo, Panzette, Presciutti, Cacio cotto vecchio Cavallo, e Pane, Sopressate, Galline, Papere, Galli d'India, e Palombi, con Balaustri di Cacio Cavallo.
B. Monte con tre strade coperto di Cacio Cavallo, e Cacio di Morea, Pecore, Bovi, Porci, Capre, Palombi, e Galline.
C. Peschiera con Papere, ed Anatre, con varie sorti di Pesce.
D. Due stili sopra de quali due Vesti da Fordano, uno da Uomo, e l'altr da Donna tutti guarniti d'Oro.
E. Fontana di vino.
F. Fontana d'acqua.
G. Botte di Vino.
H. Parter tutto coperto di Caci d'ogni genere, Presciutti, e Pane.
I. Piedestalli, e Vasi composti di Pane, Presciutti, Cacio Cavallo, ed altro di diversa qualità
L. Lazzari che correno a dare il Sacco
M. Parte della Chiesa di S. Fran.co di Paola.
N. Spezieria di S. Spirito.
XI

貴族が眺めて楽しむ趣向だ。場を盛りあげるために花火があがることもあった。

コケインの夢は色あせて久しいが、少なくともその影がかすかに残る場所を訪ねることはできる。それはオランダのユトレヒト州にあるコッケンゲンと、ドレンテ州にあるクーカンゲ村で、どちらもコケインに由来した村名がつけられている。14世紀頃、平凡な村が泥炭掘りの労働者を何とかして集めようと知恵を絞ったのだ。

下：コケインの図解(1606年)。左上ではダイヤモンドと真珠の雨が降り、右上では焼けた肉が降っている。

右:「至福の島」の寓意的な地図(1743年)。ヨハン・マルタン・ワイス作とされる。1740年代初頭にフランスで誕生したフリーメーソン的な秘密結社フェリシテ騎士団のためにつくられた。「至福の島」は北を荒海、南を静海に挟まれ、要塞化された完全なる幸福城がある。気まぐれ岩や誘惑の浅瀬、慇懃(いんぎん)無礼の岩をうまく回避して、富、美、丁寧、美徳、平等、そして至福の各港に停泊できる。どの港からも城に行くことができるが、才能の道をはずれて快楽沼に迷いこまないように注意。

CARTE DE L'ISLE
DE LA
FELICITÉ
SAUVAGE
de
Pruderie
Port
de
Vertu
Philosophe
Route d'Emulation
Harmonie
Salines
Ecueuil
de
l'Ennuy
Marais
des Plaisirs
Innocents
Amour
Propre
Cajollerie
le je ne sçay quoy
Eau Salé
Tour des
Badinages
Banc de Tentation
Route de la Timidité
Route de l'occasion
Perdue
Route du Regrets
Montagne des
honneurs
Port
Felicité
R. d'Ambition
Ecueuil de
l'Ambition
Naufrage au Port
Ecueuil de la Volupté
FAVORABLE

Dowie's Zion

ダウイーのザイオン
実在したユートピア都市

上：復興者エリヤに扮したジョン・アレクサンダー・ダウイー（1847～1907年）。信仰療法者だった彼はザイオンという町を建設した。

本書の最後を飾る場所は、興味があれば実際に訪問することができる。それは米国イリノイ州のザイオン市だ。ユートピア建設の試みから生まれたこの町は、シカゴの北40マイル（約64km）に位置する。スコットランドのエディンバラ生まれの信仰療法者であり、預言者の生まれかわりを自称し、放火容疑者でもあったジョン・アレクサンダー・ダウイーがひとりで設計し、建設した町である。いやでも好奇心が湧くはずだ。

「復興者」の楽園建設

ダウイーは1860年、両親とともにスコットランドからオーストラリアに移住し、1872年に牧師となった。10年後には奇跡の治癒力をうたってシドニーの劇場で牧師活動を行い、わずかながら信者を獲得していたという。1880年代にメルボルンに移り、資金を調達して礼拝堂を建設する。海外伝道にも打って出て、米国のサンフランシスコとシカゴで大成功を収めた。

1888年、メルボルンの礼拝堂が疑わしい状況で焼失する。保険金で多額の借金を完済したダウイーは、逃げるように米国に移った。このころからダウイーは華やかな長衣をまとい、聖書に出て

左：現在のザイオン市。英国旗に触発されてダウイーが設計した街路はいまも変わらない。

くる預言者である「復興者」エリヤの再来を自称するようになる。彼が行う信仰療法は報酬が高額で、実態を暴いたり、活動をやめさせようとすればするほど、かえって名声が高まった。

自ら創設したクリスチャンカトリック十二使徒教会は多くの信者を獲得する。この成功でダウイーはシカゴの北40マイル(約64km)のところに6000エーカー(約2428ヘクタール)の土地を購入し、6000人の信者とともに新しい故郷ザイオンをつくることにした。建設前から完全に計画ができあがっていた町は世界でも多くないが、町の設計自体もめずらしいものだった。ダウイーは自分の出身国に敬意を表して、ユニオンジャックの旗の形にしたのだ。さらに通りの名前はすべて聖書からとった。ダマスカス(ダマスコ)、デボラ、エベニーザー(エベン・エゼル)、イーラム(エリム)、エリヤ、エリシャ、エメイアス(エマオ)、イーノック(エノク)、ガラリー(ガリラヤ)といった大通りがいまも残っており、町の北側を東西に走るベツレヘム・アベニューにすべて通じている。

ザイオンはダウイーひとりが全てを所有したが、住民は1100年契約で土地を借りうけることができた(神の国が出現するまで100年、そしてキリストの統治が1000年続くという計算だ。その先は契約更新となる)。ダウイーは鉄の掟でこの理想郷を支配し、賭け事やダンス、野球にフットボール、観劇、サーカス、酒とたばこ、ビリヤードといった日常生活でのお楽しみはすべて禁止した。このほかにも汚い言葉を使うこと、唾(つば)を吐くこと、豚肉と牡蠣(かき)、薬と医者、政治家、それに革本来の色を残した靴もなぜか禁止だった。

ザイオンの警官は片方のホルスターに警棒を、もう一方に聖書を入れ、鳩の絵と「忍耐」の文字が入ったヘルメットをかぶっていた。絶頂期のダウイーは数百万ドルの資産を持ち、世界各地に5万人の信者がいたという。アイルランド人憲兵であり、ジャーナリストでもあったT・P・オコーナーは、ダウイーの成功ぶりにとまどいを感じた。「この男は途方もない成功をおさめたが、理解できないのは彼自身が贅沢にふけり、人びとから託された金額がいくらなのか頑として明かそうとしないことだ」

> *ダウイーの馬はそれだけでひと財産の価値があり、馬車には紋章が入っている。妻は女王のような豪華な衣装で飾りたてているという。謙虚と禁欲を説く預言者でありながら、旅をするときは特別列車を仕立てて、お付きの者がずらりと取りかこむ。霊的な重責に耐えがたくなると、喧騒や信者のしつこい懇願から離れ、自分だけの快適な田舎家にひっこむのだ。*

上:ダウイーがカラー印刷して配布したザイオン市のパンフレット。楽園都市のすばらしい暮らしを宣伝している。

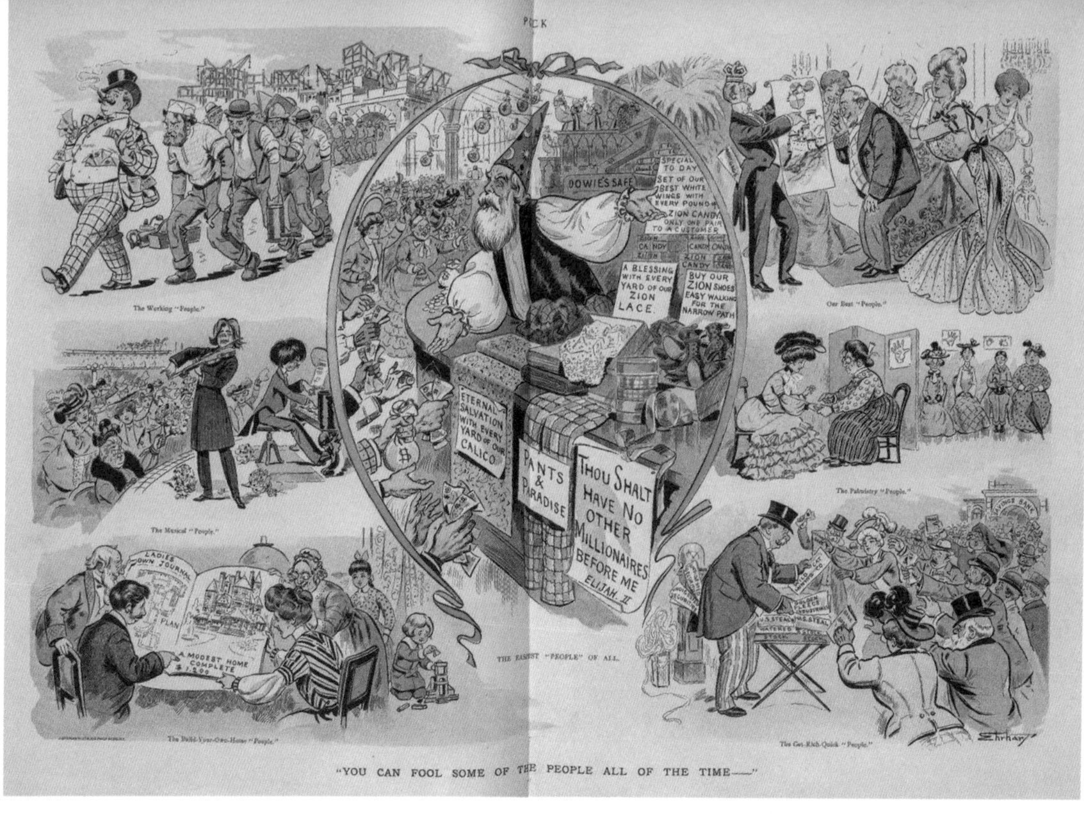

上：雑誌「パック」の1904年10月14日号に掲載された諷刺漫画。中央に描かれたジョン・アレクサンダー・ダウイーは魔法使いの格好で、だまされやすいお客に救済を約束し、いろいろな品を売りつけている。

1905年、脳卒中の発作に襲われたダウイーは療養のためメキシコに出かける。不在中、右腕的な存在だったウィルバー・グレン・ボリバが、ザイオンの公的資金約300万ドルの私的流用を突きとめ、ダウイーを追放した。1907年にダウイーは世を去り、ザイオンのレイク・マウンド墓地に埋葬された。だがこれで終わりではないところがおもしろい。

ダウイーの死後

ボリバは預言者や謎めいた信仰療法師を自称することはなかったが、ダウイーに負けず劣らず変わり者だった。彼はザイオンを破産から救うために、市の運営をいっそう厳格化し、結婚相手まで指定した。喫煙者は「便器」呼ばわりで、1915年には世界に先がけて嫌煙運動の看板を設置している。なかでもボリバが信じてやまず、熱心に人びとに説いて、ザイオンの信仰規範に組みこんだのが、「地球」という呼びかたは誤りだというものだった。聖書からは、地球は平板であることが明確に解釈できるというのだ。1914年、地球が平板でないことを証明した者には5000ドルを進呈するとボリバはぶちあげたが、賞金が支払われることはなかった。

ザイオン市民は、指導者がダウイーでもボリバでも大差ないことをようやく悟る。1927年、前任者よりさらに多い500万ドルの公金流用が発覚したことで、市民自ら統治に乗りだした。ただちに

左：イリノイ州ザイオンにウィルバー・ボリバが立てた嫌煙看板。この類の看板としては最も古いもののひとつ。ダウイーとボリバは喫煙者を「便器」とののしった。

投票が行われ、公用車に貼る市のステッカーは球形の地球のものに代わり、ボリバもそれに従わざるを得なかった。ブラジルナッツとバターミルクを食べているから120歳まで生きると豪語していたボリバだが、1942年、公金使いこみなど数々の悪行を涙ながらに告白して息を引きとった。現在ザイオン市の人口は約2万5000人で、俳優ケビン・コスナーがオーナーの野球チーム、フィールダーズのスタジアム建設計画は頓挫した。汚れなきこの世の楽園は、いくら切望しても、なんとなれば自力でつくろうとしても、やはり見はてぬ夢なのだろうか。

下：ザイオン市の霊的指導者ウィルバー・グレン・ボリバが信じていた世界。オーランド・ファーガソン教授著「聖書の世界地図」(1893年)に描かれた四角く平板な地球は、「ヨハネの黙示録」7章1節の記述と、「大地(世界)の四隅」への言及を字義どおりに解釈したものだ。この地球は静止しているが、ファーガソンは高速で動く地球にしがみつく人間の絵を追加してこう嘲笑している。「地上の彼らは、地球の中心のまわりを時速6万5000マイル(時速約10万4600km)で飛んでいる(と思っている)。とんでもない速度である！」

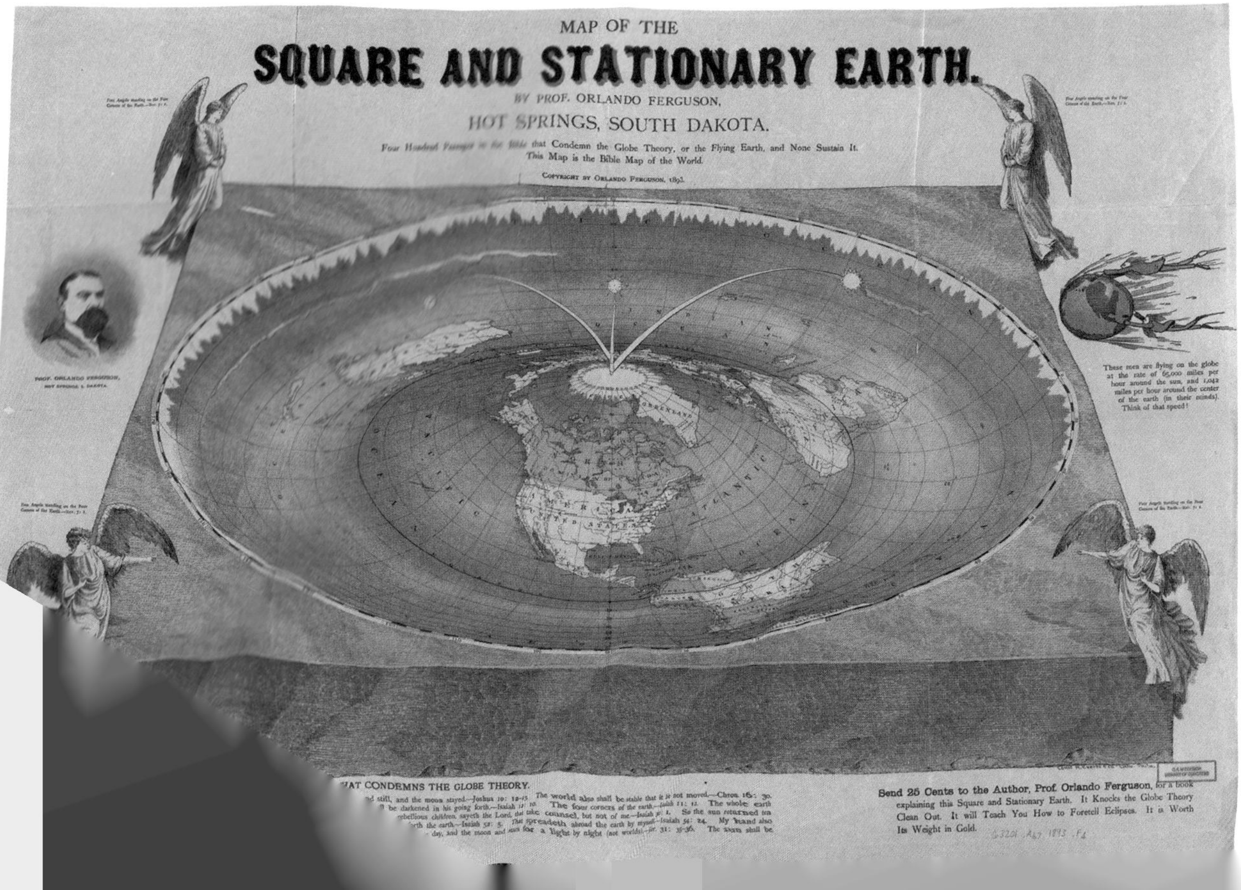

Babst
Keyser
König
Cardinal
Des Babsts gewalt den Tod nicht halt.
Das Haupt der Welt dem Tod heim fält.
Das Haupt gekrönt der Tod nicht schont.
Den Cardinal ich auch hin hol.
Narr
Bischoff
Der Tod Christi zu nicht hat gemacht Den Tod und Leben wider bracht.
Kindt Narrn zugleich gehören in mein reich.
Vater, Bischoff, führ ich aufn Freythoff.
Kriegsman
Herzog
Den Todt und ewige Höllische Pein Hat verursacht die Sünd allein.
Kriegsman, Bettler gleich halten her.
Seyst Herr oder Fürst dem Tod zletz miesst.
Baur
Burger
Edelman
Graff
Der Baur auch muss unters Tods Füss.
Kein Mensch hie hat ein bleibend Statt.
Kein Edel Blut von Todt behüt.
In Graff und Knecht der Tod hat recht.

主な参考文献

Abbott, D. P. *(1907) Behind the Scenes with the Mediums,* London: Kegan Paul & Co.

Albinus, L. *(2000) The House of Hades: Studies in Ancient Greek Eschatology,* Aarhus: Aarhus University Press

Almond, P. C. *(2016) Afterlife: A History of Life After Death,* London: I. B. Tauris & Co.

Almond, P. C. *(1994) Heaven and Hell in Enlightenment England,* Cambridge: Cambridge University Press

Barrett, Sir W. *(1917) On the Threshold of the Unseen,* London: Kegan Paul & Co.

Beard, M. (ed.) & Rose, J. (ed.) & Shotwell, S. (ed.) *(2011) A Swedenborg Sampler,* West Chester: Swedenborg Foundation

Brandon, S. G. F. *(1967) The Judgment of the Dead,* London: Weidenfeld & Nicolson

Brown, P. *(2015) The Ransom of the Soul: Afterlife and Wealth in Early Western Christianity,* London: Harvard University Press

Bruce, S. G. *(2018) The Penguin Book of Hell,* New York: Penguin Books

Budge, E. A. W. *(1975) Egyptian Religion: Ideas of the Afterlife in Ancient Egypt,* London: Routledge & Kegan Paul

Budge, E. A. W. *(1905) Egyptian Heaven and Hell, La Salle:* Open Court Publishing

Burnet, T. *(1739) Hell's torments not* eternal, London

Casey, J. *(2009) After Lives: A Guide to Heaven, Hell, & Purgatory,* Oxford: Oxford University Press

Cavendish, R. *(1977) Visions of Heaven and Hell,* London: Orbis Publishing

Chadwick, H. *(1966) Early Christian Thought and the Classical Tradition,* Oxford: Clarendon

Clark, T. J. *(2018) Heaven on Earth: Painting and the Life to Come,* London: Thames & Hudson

Copp, P. *(2018) The Body Incantatory: Spells and the Ritual Imagination in Medieval Chinese Buddhism,* New York: Columbia University Press

Dalley, S. (trans.) *(1989) Myths from Mesopotamia: Creation, The Flood, Gilgamesh and Others,* Oxford: Oxford University Press

Dawes, Sir W. *(1707) The Greatness of Hell-Torments. A sermon preach'd before King William, at Hampton-Court,* London: H. Hills

Delumeau, J. *(1995) History of Paradise: The Garden of Eden in Myth & Tradition,* New York: Continuum

Ebenstein, J. *(2017) Death: A Graveside Companion,* London: Thames & Hudson（『死の美術大全：8000年のメメント・モリ』ジョアンナ・エーベンシュタイン編、北川玲訳、河出書房新社）

Eco, U. *(2013) The Book of Legendary Lands,* London: MacLehose Press（『異世界の書：幻想領国地誌集成』ウンベルト・エーコ編著、三谷武司訳、東洋書林）

Ehrman, B. D. *(2020) Heaven and Hell: A History of the Afterlife,* London: Oneworld

Gardiner, E. *(2013) Egyptian Hell: Visions, Tours and Descriptions of the Infernal Otherworld,* New York: Italica Press

Gardiner, E. *(2013) Hindu Hell: Visions, Tours and Descriptions of the Infernal Otherworld,* New York: Italica Press

Gardiner, E. *(1989) Visions of Heaven & Hell Before Dante,* New York: Italica Press

Gearing, W. *(1673) A Prospect of Heaven; or, a treatise of the happiness of the Saints in Glory,* London: T. Passenger and B. Hurlock

Gordon, B. (ed.) & Marshall, P. (ed.) *(2008) The Place of the Dead: Death and Remembrance in Late Medieval and Early Modern Europe,* Cambridge: Cambridge University Press（『生きがいのメッセージ』ビル・グッゲンハイム、ジュディ・グッゲンハイム、片山陽子訳、徳間書店）

Guggenheim, W. & Guggenheim, J. *(1995) Hello from Heaven!,* New York: Bantam Books

Hall, W. J. *(1843) The Doctrine of Purgatory and the Practice of Praying for the Dead,* London: Henry Wix

Hartcliffe, J. *(1685) A Discourse Against Purgatory,* London

Hornung, E. *(1999) The Ancient Egyptian Books of the Afterlife,* Ithaca: Cornell University Press

Johansen, M. *(2015) The Geography of Heaven,* Monroe: Electric Tactics

Kajitani, R. & Kyosai K. & Nishida, N. *(2017) Hell in Japanese Art,* Tokyo: PIE International (『HELL 地獄：地獄をみる』梶谷亮治、西田直樹、パイインターナショナル)

Kroonenberg, S. *(2011) Why Hell Stinks of Sulphur: Mythology and Geology of the Underworld,* London: Reaktion Books

Law, B. C. *(2004) Heaven and Hell in Buddhist Perspective,* New Delhi: Pilgrims Publishing

Le Goff, J. *(1981) The Birth of Purgatory,* Chicago: University of Chicago Press

Levin, H. *(1972) The Myth of the Golden Age in the Renaissance,* Oxford: Oxford University Press

Lipner, J. *(2019) https://www.bl.uk / sacred-texts / articles / the-hindu-sacred-image-and-its-iconography*

Lucian, (trans.) A. M. Harmon *(1913) Works of Lucian,* London: Loeb

MacGregor, G. *(1992) Images of Afterlife: Beliefs from Antiquity to Modern Times,* New York: Paragon House

Markos, L. *(2013) Heaven and Hell: Visions of the Afterlife in the Western Poetic Tradition,* Eugene: Cascade Books

Mercer, S. A. B. *(1949) The Religion of Ancient Egypt,* London: Luzac

Messadié, G. *(1996) A History of the Devil,* New York: Kodansha

Mirabello, M. L. *(2016) A Traveler's Guide to the Afterlife,* Rochester: Inner Traditions

Oldridge, D. *(2012) The Devil: A Very Short Introduction,* Oxford: Oxford University Press

Paparoni, D. *(2019) The Art of the Devil: An Illustrated History,* Paris: Cernunnos

Pleij, H. & Webb, D. (trans.) *(2001) Dreaming of Cockaigne: Medieval Fantasies of the Perfect Life,* New York: Columbia University Press

Russell, J. B. *(1997) A History of Heaven: The Singing Silence,* Princeton: Princeton University Press

Scafi, A. *(2013) Maps of Paradise,* London: British Library

Schall, J. V. *(2020) The Politics of Heaven and Hell: Christian Themes from Classical, Medieval, and Modern Political Philosophy,* San Francisco: Ignatius Press (『天国の歴史：歌う沈黙』J.B.ラッセル、野村美紀子訳、教文館)

Spufford, F. (ed.) *(1989) The Vintage Book of the Devil,* London: Vintage

Stanford, P. *(2002) Heaven: A Traveller's Guide to the Undiscovered Country,* London: HarperCollins

Stanford, P. *(1998) The Devil: A Biography,* London: Arrow Books (『悪魔の履歴書』ピーター・スタンフォード、大出健訳、原書房)

Thigpem, P. *(2019) Saints Who Saw Hell: And Other Catholic Witnesses to the Fate of the Damned,* Charlotte: Tan Books

Took, J. *(2020) Dante,* Princeton: Princeton University Press

Turner, A. *(1993) The History of Hell,* New York: Harcourt Brace & Co. (『地獄の歴史』(叢書ウニベルシタス) アリス・K・ターナー、野崎嘉信訳、法政大学出版局)

Wiese, W. *(2006) 23 Minutes in Hell: One Man's Story about What He Saw, Heard, and Felt in that Place of Torment,* Lake Mary: Charisma House

Zaleski, C. G. *(1987) Otherworld Journeys: Accounts of Near-Death Experience in Medieval and Modern Times,* Oxford: Oxford University Press

索引

ア行

カ行

サ行

タ行

ナ行

ハ行

マ行

ヤ行

ラ行

ワ行・ン

謝辞

この本を世に送るにあたり、力を貸してくれたすべての人に深い感謝の意を表する。キングズフォード・キャンベルのチャーリー・キャンベル、サイモン＆シュスター社のイアン・マーシャル、それにローラ・ニッコルとキース・ウィリアムズが手間を惜しまず尽力してくれたおかげで、とても美しい本が完成した。何年にもわたって問題解決に協力してくれたフランクリン・ブルック=ヒッチング、それに家族みんなの支えにも感謝したい。アレックス・アンスティーとアレクシ・アンスティー、ジェイソン・ヘイズリー、デイジー・ララミー=ギンクス、ミーガン・ローゼンブルーム、リンゼイ・フィッツハリス、マット、ジェンマ・トラウトンとチャーリー・トラウトン、ジョージー・ハレット、シア・リーズ、そしてQIの友人ジョン・ロイド、サラ・ロイド、ココ・ロイド、ピアーズ・フレッチャー、ジェームズ・ハーキン、アレックス・ベル、アリス・キャンベル・デイビス、ジャック・チェンバーズ、アン・ミラー、アンドリュー・ハンター・マリー、アンナ・プタシンスキー、ジェームズ・ローソン、ダン・シュライバー、マイク・ターナー、サンディ・トクスビグにもありがとうと伝えたい。

専門知識を惜しみなく提供し、すばらしい画像の利用を許諾してくれた人びとをここに挙げて、特別な謝意を表したい。ダニエル・クラウチ・レア・ブックス・アンド・マップスのダニエル・クラウチとニック・トリミング、サザビーズのリチャード・ファットリーニ、マサチューセッツ州サウサンプトンにあるボストン・レア・マップスと、ブエノスアイレスのHSレア・ブックスのみなさん。そして大英図書館とメトロポリタン美術館、米国議会図書館、ニューヨーク公共図書館、ウェルカム・コレクション、ジョン・カーター・ブラウン図書館のすばらしい職員たちにも感謝する。

図版クレジット

PP1, 58 Norman B. Leventhal Map Center; P3 John Carter Brown Library; P4 British Library; P6 The Society of Antiquaries of London; INTRODUCTION; P9 Princeton University Library; P11 (both images) Biblioteca Nacional de España/Wikipedia.co.uk; PP12-13 State Art Gallery, Karlsruhe; P14 (both images) Library of Congress; P15 Seville University Library; P16 Boston Public Library; P17 Houghton Library, Harvard University; PART ONE: HELLS AND UNDERWORLDS; PP18-19 (background image) Heidelberg University Library; P19 Jahuey, Wikipedia.co.uk; P20 (top)
©The Trustees of the British Museum; PP20-21 Keith Schengili-Roberts; P21 (top) Werner Forman / Universal Images Group / Getty Images; P22 Rama, Wikipedia.co.uk; P23 (top) ©The Trustees of the British Museum; P23 (bottom) Chipdawes, Wikipedia.co.uk; P24 BabelStone, Wikipedia.co.uk; P25 Jastrow, Wikipedia.co.uk; P26 Rosemaniakos; P27 (both images) Marie-Lan Nguyen; P28 Edward Brooke-Hitching; P29 Smithsonian; PP30-31 (all images) Princeton University Library; P33 Victoria and Albert Museum, London; P34 British Library; P36 British Library; P37 Los Angeles County Museum of Art; P39 Anishshah19, Wikipedia.co.uk; PP40-41 Nara National Museum (public domain); P42 Wellcome Library; P44 Himalayan Art Resource; P45 Michael Gunther, commons.wikimedia.org; P47 Wellcome Collection; P48 (left) New York Public Library; P48 (right) Edward Brooke-Hitching; P49 Wellcome Library; P50 Metropolitan Museum of Art; P51 Museum De Lakenhal, Leiden; PP52-53 Museo Nacional del Prado; P54 Rijksmuseum; P55 (top) Remi Mathis; P55 (bottom) The J. Paul Getty Museum, Villa Collection, Malibu, California; gift of Lenore Barozzi; P56 British Library; P57 Robarts Library, University of Toronto; P59 (top) Royal Danish Library; P59 (bottom) National and University Library of Iceland; P60 Christie's; P62 Free Library of Philadelphia; P64 Metropolitan Museum of Art; P65 The David Collection, Copenhagen / Pernille Klemp / Wikipedia.co.uk; PP66-67 National Museum of India; P68 Ark in Time, flickr.com; P69 Museum of Fine Art Houston (Public domain); P70 (top) Public domain; P70 (bottom) Metropolitan Museum of Art; P71 Public domain; P72 (left) Public domain; P72 (right) Heritage Image Partnership Ltd / Alamy Stock Photo; P73 (top) Museo Larco, Lima, Perú. ML0044199; P73 (bottom) Metropolitan Museum of Art; P74 Metropolitan Museum of Art; P75 Yorck Project; P76 Cornell University Library; P77 Courtesy of the Vatican Museums; P78 Heidelberg University; P80 Brooklyn Museum; P81 National Gallery of Art, Washington; PP82-83 British Library; P85 Condé Museum; PP86-87 Edward Brooke-Hitching; P90 The Pierpont Morgan Library ©Photo SCALA, Florence; P91 (top) J. Paul Getty Museum; P91 (bottom) British Library; P92 PHGCOM, Wikipedia.co.uk; P93 British Library; P94 The Warburg Institute; P95 Yorck Project; P96 Public domain; P97 Luca Aless; P98 British Library; P99 Národní museum; P100 Rijksmuseum; P101 Wellcome Collection; P102 (top) Cantor Arts Center, Stanford University; P102 (bottom) Luc Viatour; P103 (left) Library of Congress; P103 (right) Edward Brooke-Hitching; P104 Public domain; PP106-107 (all images) British Library; P108 Cornell University Library; P109 (top) British Library; P109 (bottom) Cornell University Library; PP112-113 (all images) Cornell University Library; PP114-115 Vatican Library; P116 Metropolitan Museum of Art; P117 Wellcome Library; PP118-119 National Museum, GdanÅLsk; P120 Yorck Project; P121 University of California Libraries; P122 LivioAndronico, Wikipedia.co.uk; P123 Daniel Crouch Rare Books; P124 Credit unknown; P125 (top) Barry Lawrence Ruderman Antique Maps; P125 (bottom) Beinecke Library; PP126-127 (all images) John Carter Brown Library; P128 Jeremyboer, Wikipedia.co.uk; P130 Library of Congress; PART TWO: LIMBO, PURGATORY AND OTHER MIDWORLDS; PP132-133 (chainmail) Metropolitan Museum of Art; PP132-133 (background image) Indianapolis Museum of Art; P135 Nyingma Lineage; P137 Museu Nacional d'Art de Catalunya; P138 Indianapolis Museum of Art; P139 (bottom) Frick Museum, NYC / Barbara Piasecka Johnson Collection; P141 Thomas Fisher Rare Book Library; P142 Yorck Project; P143 Cornell University Library; P145 British Library; P146 Condé Museum; P147 Yorck Project; PART THREE: HEAVENS, PARADISES AND UTOPIAS; PP148-149 Sonia Chaoui; P150 Metropolitan Museum of Art; P151 Bristol Culture / Bristol Museum & Art Gallery; P152 Metropolitan Museum of Art; P154 Victoria and Albert Museum, London; P155 British Library; PP156-157 British Library; P158 (top) Los Angeles County Museum of Art; P158 (bottom) Robarts Library, University of Toronto; P159 Arthur M. Sackler Gallery, National Museum of Asian Art; P160 British Library; P161 Wellcome Library; P162 (both images) Library of Congress; P163 Rubin Museum of Art, Gift of Shelley and Donald Rubin, C2006.66.509 (HAR 977); P164 Metropolitan Museum of Art; P165 (both images) New York Public Library; P166 Metropolitan Museum of Art; P168 National Museum of Norway; P169 Rijksmuseum; P171 (top) Phillips Collection; P171 (bottom) ©Alfredo Dagli Orti/Shutterstock; P173 (top) Collection of the Royal Academy of Painting and Sculpture; P173 (bottom) Michael Johanning; PP174-175 (all images) Walters Art Museum; P176 Metropolitan Museum of Art; P177 The Bodleian Libraries, University of Oxford, MS. Arch. Selden. A. 72 (3); P179 Thomas Aleto; P180 Teseum, Wikipedia.co.uk; P181 FAMSI; P183 Mestremendo, Wikipedia.co.uk; P184 Illustrated double folio from the 'Nahj al-Faradis', commissioned by Sultan Abu Sa'id Gurkan, Timurid Herat, c.1465 (opaque pigment & gold on paper), Islamic School, (15th century) / Private Collection / Photo ©Christie's Images / Bridgeman Images; P185 Walters Art Museum; PP186-187 David Collection; P189 Walters Art Museum; P190 De Agostini Editore/ agefotostock; P191 Árni Magnússon Institute, Iceland; P192 (top) Berig, Wikipedia.co.uk; P192 (bottom) National Museum of Denmark; P193 (top) NTNU University Museum CC BY-NC-ND 4.0; P193 (bottom) Wiglaf, Wikipedia.co.uk; P194 British Library; P195 Edward Brooke-Hitching; P196 Metropolitan Museum of Art; P197 Ghent University Library; P198 Pvasiliadis / Wikipedia.co.uk; P199 Metropolitan Museum of Art; P200 (top) British Library; P201 British Library; P202 Yorck Project; P203 Cornell University Library; PP206-207 Rijksmuseum; P208 Gallerie dell'Accademia, Venice; PP210-211 Royal Museums of Fine Arts of Belgium, Brussels; PP214-215 Edward Brooke-Hitching; P216 (left) Wikipedia.co.uk, public domain; P218 Cornell University; P219 British Library; P220-221 Prado Museum; P222 Mauritshuis, The Hague; P223 British Library; P224 Beinecke Rare Book & Manuscript Library; P225 Barry Lawrence Ruderman Antique Maps; P226 Folger Shakespeare Library; P228 Folger Shakespeare Library; P229 Paul Hermans; P230 Yorck Project; P231 Barry Lawrence Ruderman Antique Maps; PP232-233 (both images) Getty Research Institute; P234 National Gallery of Art; P235 Wellcome Collection; PP236-237 Image courtesy of Boston Rare Maps, Southampton, Mass., USA and HS Rare Books, Buenos Aires, Argentina; P238 (top) Public domain; P238 (bottom) ©OpenStreetMap contributors; P239 Public domain; P240 Library of Congress; P241 (top) Public domain; P241 (bottom) Library of Congress; P242 State Library of Pennsylvania; P243 Wellcome Collection; PP244-245 Met Museum.

本書掲載の図版について、可能な限り著作権所有者を探し、記載するよう努めました。誤りもしくは漏れがある場合は今後の版で修正します。

ナショナル ジオグラフィック パートナーズは、ウォルト・ディズニー・カンパニーとナショナル ジオグラフィック協会によるジョイントベンチャーです。収益の一部を、非営利団体であるナショナル ジオグラフィック協会に還元し、科学、探検、環境保護、教育における活動を支援しています。

このユニークなパートナーシップは、未知の世界への探求を物語として伝えることで、人々が行動し、視野を広げ、新しいアイデアやイノベーションを起こすきっかけを提供します。

日本では日経ナショナル ジオグラフィックに出資し、月刊誌『ナショナル ジオグラフィック日本版』のほか、書籍、ムック、ウェブサイト、SNSなど様々なメディアを通じて、「地球の今」を皆様にお届けしています。

nationalgeographic.jp

THE DEVIL'S ATLAS

監修協力
インド（32〜39、154〜161ページ）　横地優子（京都大学）
道教（46〜48、162〜163ページ）　佐野誠子（名古屋大学）
メソアメリカ（68〜73、174〜183ページ）　岩崎 賢（神奈川大学）

旧約聖書、新約聖書はおもに日本聖書協会の新共同訳を参照・引用しています。
コーランは井筒俊彦訳『コーラン』上中下（岩波書店）および水谷周監訳、杉本恭一郎訳補完『クルアーン　やさしい和訳』（国書刊行会）を参照しています。

地獄遊覧
地獄と天国の想像図・地図・宗教画

2023年3月20日　第1版1刷

著者　エドワード・ブルック=ヒッチング
訳者　藤井留美
編集　尾崎憲和
葛西陽子
編集協力　小葉竹由美
日本語版デザイン　三木俊一＋髙見朋子＋宮脇菜緒（文京図案室）
制作　クニメディア
発行者　滝山 晋
発行　㈱日経ナショナル ジオグラフィック
〒105-8308 東京都港区虎ノ門4-3-12
発売　㈱日経BPマーケティング

ISBN978-4-86313-523-9
Printed in Italy

FIDES
SPES